ニッポン
2021-2050

データから構想を生み出す
教養と思考法

落合陽一 × 猪瀬直樹
YOICHI OCHIAI　NAOKI INOSE

角川書店

ニッポン2021-2050

データから構想を生み出す
教養と思考法

まえがき

〈2020年問題まじやばい，スーパーやばいし超ヤバイ．オリンピックが決まった2013年からの4年間，我々の未来は2020年で止まってしまった．四年前に2020年のことを考えていたなら，今年は2024年のことを考えていないとおかしいのに，今の未来は随分近視眼的で毎日すり減る消費財だ〉（@ochyai 2017年4月5日）

〈平成が終わる前に準備しないといけないことがたくさんある．テクノロジーを社会還元する産学官の連携サイクルの樹立，アートと美的感覚と言語の整理，コミュニティデザインのための明治大正昭和平成の復習，自覚的に時代が変わるんだから汗をかかないといけない．明治に匹敵する程度にやることがある〉（@ochyai 2018年5月27日）

冒頭に僕、落合陽一《おちあいよういち》が過去に自分のツイッターに書き込んだ問題意識を紹介しました。いまの日本社会はどうにも自分から動いて汗をかいたり、自分から進んで学んだりすることに対して消極的に見えます。僕たちは日常を当たり前のこととして享受していますが、その当たり前がなぜ作られたのか、日本の社会構造はなぜ根本的なところで変わらないのか、そのことを多くの人は、メタ認知として歴史的背景を理解する方向で意識してはいません。

しかし、時代は移ろいます。元号が変わるとき、また一つのリセットがあり、新たな時代がやってくるという期待が高まる。2018年現在日本における直近のビッグイベントが、2020年の東京オリンピックにあるのは間違いないでしょう。いま、僕たちが声を大にして言わないといけないことは2020年から新しい日本が始まるということです。そしてそれに際して、2021年以降の日本社会に対し、ビジョンを描いて構想することが不可欠なのだということです。

僕は時代の変化の真っただ中で、日本の近代とは何かを学び直す必要性を強く感じています。長期的な視点に立って、この国を規定しているものは何か、この国をどう構想していけばいいのかを考える。とりわけ明治以来の150年で、変わらなかった日本の構造を歴史から学ぶことなしに、僕たちは変われないでしょう。明治維新に関わった多くの先人たちは、江戸時代の問題点を意識し、西洋近代諸国の制度を学ぶことによって、新しい時代を構想し、ある種のプロパガンダとともに実現しました。先行きが見えず、海外にモデルがない時代であればこそ、データから未来を構想する力が求められます。

こうした問題意識で物事を考える上で、この人から学びたいと思ったのが猪瀬直樹《いのせなおき》さんでした。猪瀬さんは作家として「日本の近代」を大テーマに掲げ、多くの著作を書いてきた。

その分野は、巨視的な歴史であり、日本の官僚制であり、文学であり、先の大戦であり、メディアでありと非常に多岐にわたっています。一つの分野に精通して、多くの著作をまとめるだけなら珍しいことではありません。多くの研究者はそれをやっているからです。学問分野の細分化が進むなか、ある分野のある領域の専門家として物事を突き詰める。しかしそこにとどまらずに多岐にわたる分野を検証することでしか見えてこないものがあります。

変化の兆しはすでに僕が研究しているテクノロジーの分野には山ほどあります。そもそもオリンピックに代表されるナショナルイベントは「近代」の産物です。オリンピックでは「人間」の身体というものが規定され、彼らが身体の限界に挑戦する姿を僕たちはみて感動を覚えてきました。しかし、最近のテクノロジーでは、人間の身体とはいったい何か？　という視点が改めて問われています。義手や義足の進化は確実に進み、それらがインターネットと融合し、人間の身体を拡張していく未来がやってくる。オリンピックとパラリンピックのタイム差が逆転する未来も遠くはない。それは２０２０年かもしれないし、２０２４年かもしれないのです。

その時僕たちはこう問い直すでしょう。近代オリンピックとはいったい何だったのか、と。つまり僕らは健常者と障害者の枠組みを突破するだろうし、同様に、人と機械の枠組みを突破し、対国家という意味でも国民や外国人の枠組みも突破するかもしれない。

僕たちが見据えているのは、そういう未来です。であるからこそ、いまこそ日本の近代と向き合い、何が目指されてきたか、何を変えるべきか、そして何をやるかが問われなくてはなりません。

猪瀬さんは作家活動にとどまらず、2000年代前半の小泉《こいずみ》政権時代に構造改革の旗手として道路公団民営化や公益法人改革を成功させ、さらに東京都副知事として都政を改革し、この国のビジョンを作ることを目的に、都知事として2020年オリンピック招致の第一線に立って活動してきた方です。かつて高速道路のパーキングエリアはちょっとした軽食が食べられるだけの場所でした。猪瀬さんが『日本国の研究』を書いて道路公団改革を行ったあとの時代に生きているからこそ、僕らはサービスエリアのスタバで飲食したり、新築のモールで買い物したりすることができます。僕は学生に「手を動かせ、モノを作れ。批評家になるな。ポジションを取った後に批評しろ」と言っています。手も動かさず、モノを生み出さず、批判と愚痴をたれ流す。そんな人は山ほどいますが、手を動かしながら語る人は少数派です。

猪瀬さんはまさに、実践されてきた方です。書いて終わり、批判して終わりという人ばかりの中で、言論だけでなく、アイディアを実装させるべく実践を積み重ねてきた。本書は今後の日本を描くためにいま考えるべきことについて、深夜の時間に多くの議論を積み重ねたものをまとめたものです。

この本は何かと年齢で分断されて語られがちな日本の各世代との対話の教科書としても活用できるかもしれません。猪瀬さんのような方が持っている経験、知識には凄《すさ》まじいものがあります。

有権者年齢の過半数が65歳以上になる未来もすぐそこにきています。日本の近代を乗り越える時はいましかないのかもしれません。ただ待っているだけで２０２０年は輝かしい未来を約束してくれる年にはなりません。動かなければ、元号が変わった次の年にオリンピックがやってきた、で終わってしまうだけです。

ここに出てくる議論の多くはインターネットの上ではコンパクトにまとめるのは難しいものであり、ＳＮＳには向きません。ある程度のボリュームと熟考することが大切でしょう。いまこそ、日本の近代を乗り越えるビジョンを持って次の時代を作っていきたい。僕はそう思って、執筆と実践を繰り返しています。

落合陽一

カバー・本文デザイン／市川さつき（ＩＳＳＨＩＫＩ）
ＤＴＰ／戸塚みゆき（ＩＳＳＨＩＫＩ）
図版協力／舘山一大
イラスト協力／オオスキトモコ
構成・編集協力／石戸諭

ニッポン2021-2050

データから構想を生み出す

教養と思考法

目次

第1章　テクノロジーは社会課題を解決する　013

第2章

2021年の日本風景論

第3章

統治構造を変えるポリテックの力

第1章

テクノロジーは社会課題を解決する

「いまの東京育ちエリートの最大の弱点は肌感覚で地方を知らないことにある」と猪瀬直樹氏は喝破する。世界各国だけでなく、地方にも足を運ぶ落合陽一氏も「東京と地方はまったく別の課題を抱えているところから問題を再設定せよ」と強調した。

東京の常識は地方の非常識――。東京、首都圏に圧倒的な人口が流入する一方で、地方では人口減少、土地余りといったまったく異なる課題が浮上している。これが理解できているか否かはビジネスや社会課題解決の成否を決めるポイントになる。なぜなら、東京的な視点だけで地方に乗り込んだところでニーズをとらえそこなうからだ。実際に現場に出向き、課題を把握し、解決策を出し合う。いま地方にあるものを整理し、仕事を「発見」して、自ら動き出すこと。それが日本の「近代の超克」には必要なのだという。

これまで日本の発展モデルは「地方の東京化」にあった。つまり、東京と同じことを地方ができるようになること。それが必要とされてきたのだ。

だが東京と地方はまったく違う国になっていて、それは今後30年さらに加速する。このことを認識しながら、個々の問題を解決するしかない。ここで重要になってくるのはテクノロジーだ。

落合／「成長せず社会課題が取り残された平成の30年」

2018年7月31日に「平成最後の夏期講習」というイベントを行いました。これは、小泉進次郎《しんじろう》さん（衆議院議員、自由民主党）を共同企画者として、僕たちが親しく付き合っている第一線で活躍する研究者、経営者、メディア関係者を集め、社会課題について討論し、その様子をニコニコ動画で中継したものです。

テーマは〈「社会課題がわかる、できる、なんとかなる」を実現。平成に日本が抱える課題を認識し、技術への信頼を持つことで、次の時代へ進むために社会に対するポジティブな行動を各個人がとれる状況にすることで社会課題の解決を促進する〉。

そのイベントの様子や、各識者によるプレゼン資料はすべてインターネット上にアップされていますのでぜひ見ていただきたいのですが、とりわけ話題になったのが、ヤフーのCSOである安宅和人《あたかかずと》さんのプレゼン資料「我が国の未来に向けたリソース投下の現状と課題」でした。

安宅さんの資料ではいまの日本が陥っている苦境が明快に示されているので別途目を通し

ていただきたいのですが、ここでは本書の趣旨となるビジョンを構想するためのデータとして、「国別ＧＤＰの推移」の話と、「地方への公費投入の現状」「人口動態の変容」の話を資料を一部引きつつ紹介したいと思います。

まずはＧＤＰ。日本は２０１８年現在でもＧＤＰの総和としてはアメリカ、中国に次ぐ第３位ですが、近々ドイツに並ばれかねない状況にあります。日本は１９９５年に５兆ドルほどになり、そこから現在までほぼ横ばい。片や同じころに7・5兆ほどだったアメリカは２倍以上増えて18兆ドルになっています。20年間ほぼ横ばいというのは多くの先進国でみられる現象ですが、新興国、とりわけ中国がどんどん豊かになっているなかで日本の相対的な存在感が大きく低下しています。

僕は最近の講演で、この図を日本人の世代の意識と関連付けながら話をしています。日本の世代論はえてして新社会人になったときを基準に語られます。この背景には就職活動が自分の求める社会人像を規定する機会になっていること、併せて企業や日本経済について多く学ぶ機会になっていること、そのタイミングで各種アンケートがとられることがあるでしょう。本来なら実際に働いて10年後ぐらいに自身の生き方や価値観の変化がアップデートされなければなりませんが、新社会人の時の世代論がだいたい言い得ているところに悲しい現実があります。

ＧＤＰの推移と日本の位置付け

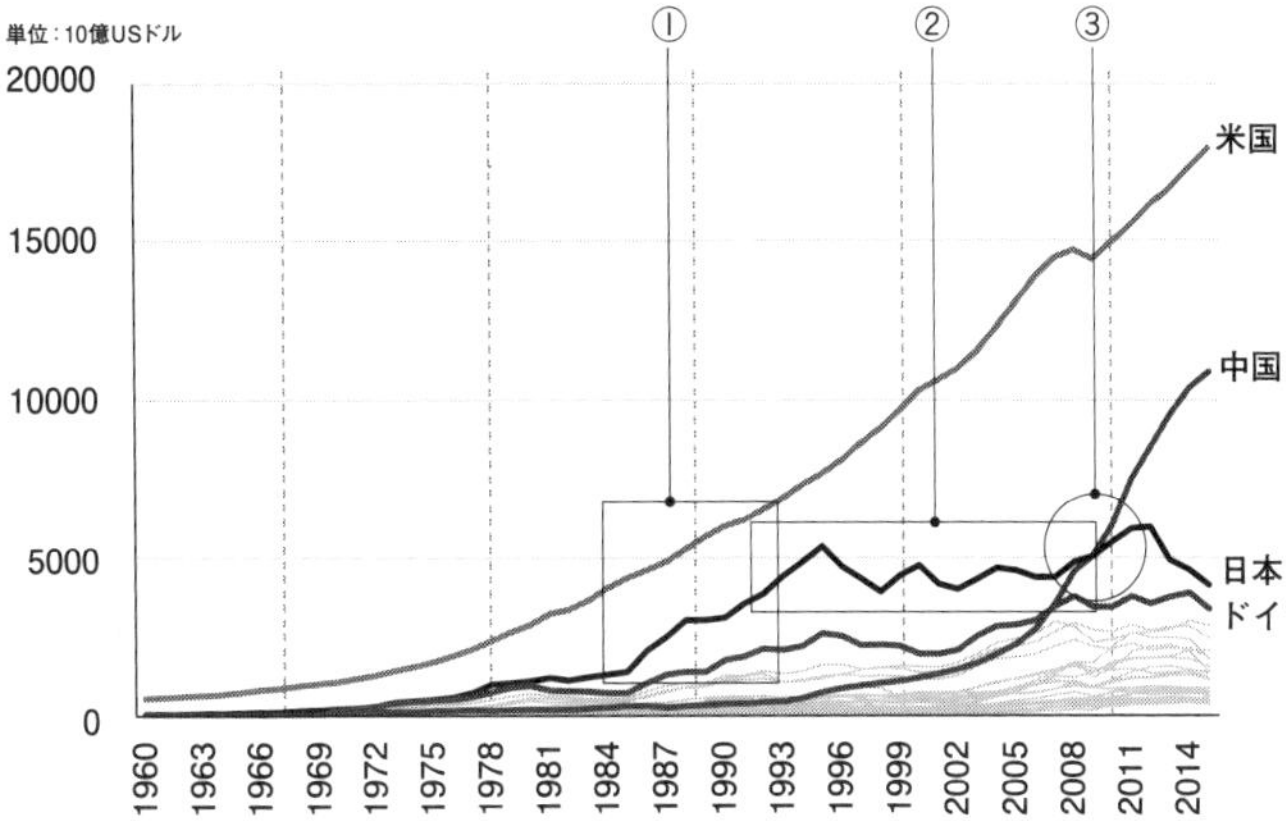

「平成最後の夏期講習」ヤフー株式会社ＣＳＯ安宅和人氏による資料
(https://drive.google.com/drive/u/0/folders/163nvjFNiXsYy04dsJeQkMIBv2WoBl4Ah)

『我が国の未来に向けたリソース投下の現状と課題』

〈ＧＤＰの総和は３位〉より引用。

(元データは世界銀行の調査、およびＯＥＣＤ諸国の調査結果より。

2015年のデータがない国を除く、ＧＤＰ上位30国の推移)

上記①②③は落合陽一によるマーク。
①1984年から1993年にかけて日本と米国の成長曲線は相似
②95年以降日本のＧＤＰは横ばいになっている
③2010年に中国にＧＤＰを抜かれている
という事実から、日本の変化と日本人の意識の変化についての自説を展開する。

一つは1988年ごろから1995年まで日本はアメリカとほぼ同じ程度の傾きの経済成長を続けていたということです。

この時代に新社会人になった人々は、日本や企業について右肩上がりの成長を知っている世代になります。当時の人たちにとって成長は当たり前。ジャパンアズナンバーワンという強い意識の中で社会人生活をスタートさせます。そのためか、いまなお変わる必要を感じていない、旧態依然とした〝おじさん〟も少なくありません。

このバブル時代の平成元年と平成30年の世界時価総額ランキングについて、週刊ダイヤモンド2018年8月25日号で特集された図表も話題となりました。平成元年当時は時価総額で見た世界の大企業のトップ50に日本企業が32社ありました。現在は当時11位のトヨタが35位に入っているだけです。ただトヨタは決して停滞していたわけではなく、この30年間で時価総額を3倍以上にしています。30年前には影も形もなかった企業の多くが――そのほとんどがIT企業ですが――1000億ドルを超える企業に成長しているなかで、なぜ30年前の他のトップ企業はそれができなかったのか。ここを検証することが同じ轍《てつ》を踏まないために欠かせない作業となります。

その後、バブル崩壊後に就職活動をした人々はロスジェネといわれます。バブル崩壊直後は、じつは円ベースではGDPは伸びています。それは景気対策のため多額の税金が使われ

平成元年と平成30年の世界時価総額ランキングの比較

平成元年

順位	企業名	時価総額（億ドル）	国名
1	NTT	1638.6	日本
2	日本興業銀行	715.9	日本
3	住友銀行	695.9	日本
4	富士銀行	670.8	日本
5	第一勧業銀行	660.9	日本
6	IBM	646.5	米国
7	三菱銀行	592.7	日本
8	エクソン	549.2	米国
9	東京電力	544.6	日本
10	ロイヤル・ダッチ・シェル	543.6	英国
11	トヨタ自動車	541.7	日本
12	GE	493.6	米国
13	三和銀行	492.9	日本
14	野村証券	444.4	日本
15	新日本製鐵	414.8	日本
16	AT&T	381.2	米国
17	日立製作所	358.2	日本
18	松下電器	357.0	日本
19	フィリップ・モリス	321.4	米国
20	東芝	309.1	日本

平成30年

順位	企業名	時価総額（億ドル）	国名
1	アップル	9409.5	米国
2	アマゾン・ドット・コム	8800.6	米国
3	アルファベット	8336.6	米国
4	マイクロソフト	8158.4	米国
5	フェイスブック	6092.5	米国
6	バークシャー・ハサウェイ	4925.0	米国
7	アリババ・グループ・ホールディング	4795.8	中国
8	テンセント・ホールディングス	4557.3	中国
9	JP モルガン・チェース	3740.0	米国
10	エクソン・モービル	3446.5	米国
11	ジョンソン・エンド・ジョンソン	3375.5	米国
12	ビザ	3143.8	米国
13	バンク・オブ・アメリカ	3016.8	米国
14	ロイヤル・ダッチ・シェル	2899.7	英国
15	中国工商銀行	2870.7	中国
16	サムスン電子	2842.8	韓国
17	ウェルズ・ファーゴ	2735.4	米国
18	ウォルマート	2598.5	米国
19	中国建設銀行	2502.8	中国
20	ネスレ	2455.2	スイス
35	トヨタ自動車	1939.8	日本

週刊ダイヤモンド 2018 年 8 月 25 日号より作成

(https://diamond.jp/articles/-/177641?page=2)。

平成元年の元データは米ビジネスウィーク誌 1989 年 7 月 17 日号、

平成 30 年のデータは 7 月 20 日段階の各種データを元にした週刊ダイヤモンド編集部が作成したもので、50 位まで紹介されている。

平成 30（2018）年においては時価総額の上位をＩＴ企業が占めている。

たからですが、その見直しが行われたことで、一気に景気が停滞します。消費税増税が行われたのもこの頃です。

アメリカが順調に成長するなかで、日本は横ばい、相対的には右肩下がり。就職率は悪化し、会社に入っても不景気が続きます。日本経済全体に停滞感がある一方で、数年前に生まれた世代は「良い時代」を知っていてジャパンアズナンバーワンの幻想を持っていて断絶が生まれます。ただしこの頃まではまだ日本はアジアの盟主でした。

次に出てくるのが、思春期には多くの人がパソコンを触っているデジタルネイティブと呼ばれる世代であり、僕もここに含まれます。すでに会社に入れば安泰という幻想は薄れつつあるなかで、ＩＴ産業だけが華々しい成長をして、そこの弱肉強食の世界に飛び込んでいく人たちが出てくる。２０００年代後半になると中国は著しい成長をしています。僕が学生の頃は「これからは中国の時代だ」と盛んに叫ばれていました。アジアの工場としての中国ではなく、新たな市場としてのビジネスチャンスを期待して起業する人も出てきました。

そしてスマホネイティブが登場します。スマホというあらゆる人たちをエンパワーメントするツールが普及するなかで、中高生であっても自分で稼いでいるような人たち、ＳＮＳで支援をもらいながら社会活動をする人たちが少なからずいる。またすでに中国に抜かれたという意識を当たり前に持っています。そのため深圳《しんせん》のＩＴ特区の事例などにむしろ積極的に関心が持てる。この世代の学生と話をしていても「日本が一番」という呪縛《じゅばく》から解き放たれていて、物事をフラットに見ることができる人が多いと感じています。中国に留学する学生も今後ますます増えていくことでしょう。

こういった変化の中で、それぞれの世代ごとに経済成長についてさまざまな見方があることと、そして国家全体としてジリ貧になっているという事実を認識することが重要です。

成長を目指す国家でもあるいは成熟社会でもかまいませんが、まずビジョンを描き、そこを起点にどう社会のリソースを配分するかということが問われています。

なぜ平成は失われた30年になったか。それはビジョンがなかったことに一因があります。人口減少ほか日本が直面する諸問題、技術革新による時代の変化を理解し、社会を構想しアップデートすることが未来に向けた僕たちの責務です。

これまでの日本の歴史を振り返ると、鎌倉時代でも江戸時代でも、だいたい30年ぐらいかけてその時代の礎がつくられてきました。僕は近未来、２０４０年ぐらいを見据えて研究をしているということをよくメディアで発言しています。次世代のプラットフォームとして役立つものをつくるということを意識して研究なり教育なりを行っているのです。直近の社会課題に取り組むのは当然として、僕たちはもっと長期的な視点で物事を考えなければならないということが、僕がいま訴えたいことの一つです。

落合／「日本はなぜ変わらなければならないのか」

次に「地方への公費投入」の話をしたいと思います。引き続き安宅さんの資料から紹介しますが、現在地方の基礎自治体（市、町、村、特別区）への公費投入は地方と都市部とではものすごい差があります。例えば自治体予算を一人あたりで見ると、目黒区民一人あたりに比べ、島根県海士町《あまちょう》では200万円以上のお金がかけられています。目黒区民には34万円しかあげません、でも海士町の人には259万円あげますと言われたら普通すごく不公平を感じておかしいという話になります。でも実際にはそれに近いことが行われています。

もちろん地方がずるをしているわけでもなんでもなく、これだけお金を渡さないと地方の自治体は回らないというのが実情です。でも僕たちが考えるべきはそもそもこの状況でいいのか、ということです。

ではどうするべきか。大きく2つの解決策があります。

一つは自治体の収入を増やす、すなわち生産力を高めて、国からの支援が手薄になっても自活できる産業を育成するという方法です。

一人あたりの自治体予算

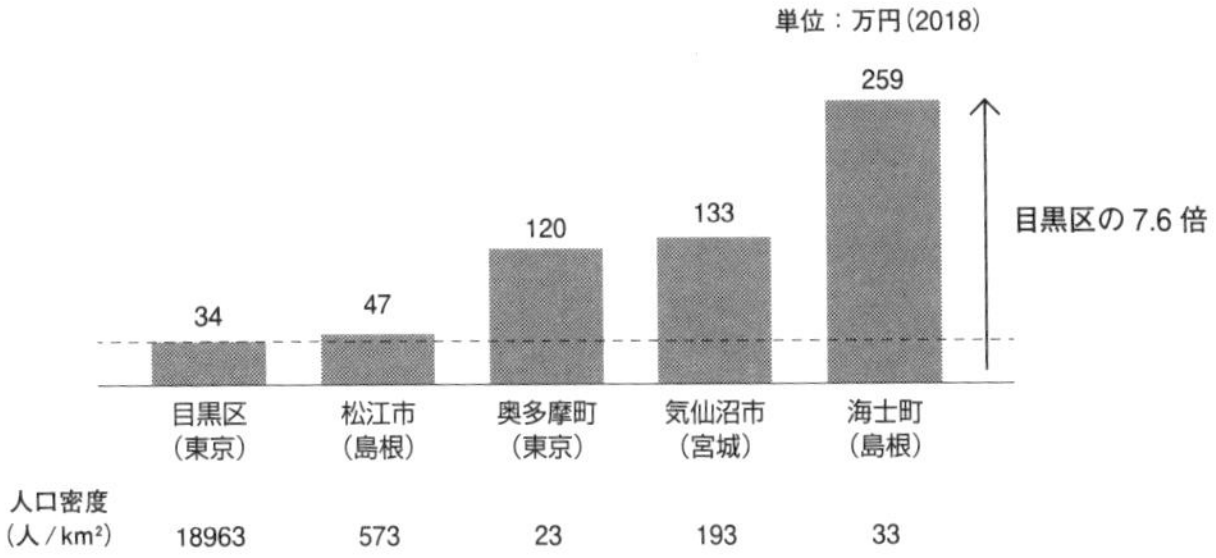

「平成最後の夏期講習」ヤフー株式会社ＣＳＯ安宅和人氏による資料
『我が国の未来に向けたリソース投下の現状と課題』

〈基礎自治体の多くは basic income 級の公費投入でようやく回っている状況〉

より引用。

(各自治体の開示資料から安宅氏が独自に分析を加えたもの)

一人あたりの生活維持に必要な公費に大きな差が生まれている。

人口密度が低いということは広大な地場資源があるということ。農業における担い手の高齢化や転出に伴う耕作放棄地問題。だいぶ規制が弛《ゆる》んできているので、規模集約化して生産性を上げる農業法人もこれからたくさん出てくるでしょう。もちろん農地改革は当時はきわめて妥当な政策で、事実日本の成長に寄与しました。けれども、これらの戦後改革の多くにほころびが見られます。人口増を見越した成長社会を前提にして築かれたルール自体を僕たちは見直さなければなりません。

あるいは企業でも地場を求めるものはいくつもあります。

例えばＡＩによる自動運転の実証実験は、離島や山間地域のほうが都合がいい。なぜならば人がいないことで、死亡事故という決定的なリスクを減らすことができるからです。

もう一つは支出を減らす。端的に言えば、人を減らすことです。

山間部から都市部へ移住してもらう。例えばコンパクトシティ化を進め、限界集落から移住を進めてもらえば、その分のインフラコストを削減することが可能です。

電子市民制度という方法もあります。電子市民制度はすでにエストニアで実装されています。実際に住んでいなくてもかまわない。オンラインを通じて登録し、そこの市民として納税の義務を負えば、さまざまな権利を得る制度です。近い将来、地方からの撤退は選択肢の一つにならざるを得なくなります。とはいえ、もはや町としては存在しなくなったとしても、バーチャル世界には故郷の風景がきちんと残されている、というような未来もありうるでしょう。

こうした議論をするなかで出てくるのは、「いま住んでいる人の気持ちはどうなんだ」ということです。もちろん、いま住んでいる人たちや現場の声を尊重するのは不可欠です。ただし、絶対視していたら改革はできません。それは極論を言えば既得権益の肯定でしかなく、むしろ未来の人たちの機会を奪うことにつながります。

現実問題として「この自治体を閉鎖して移住しましょう」という公約を首長が掲げて当選することなんて絶対にできないでしょう。その力学の延長線にあるのが高齢者優位の政策立案であり、いまの日本社会の苦境です。いま暮らしている人たちを尊重するのは当然のことですが、同時に全体のリソースを考えて行動する。そしてそれを戦略として決める人がこれからの地方には求められます。

ある外国人の研究者の友人に、日本の人口ピラミッドを指して「よく日本人はあんな棺桶《かんおけ》みたいなグラフで危機感を抱かないね」と言われたことがあります。棺桶というのはほんとうに言い得て妙です。僕たちは日本がいま棺桶に入りつつあるという状況を直視しなければならないのです。

「棺桶型」の日本の人口動態

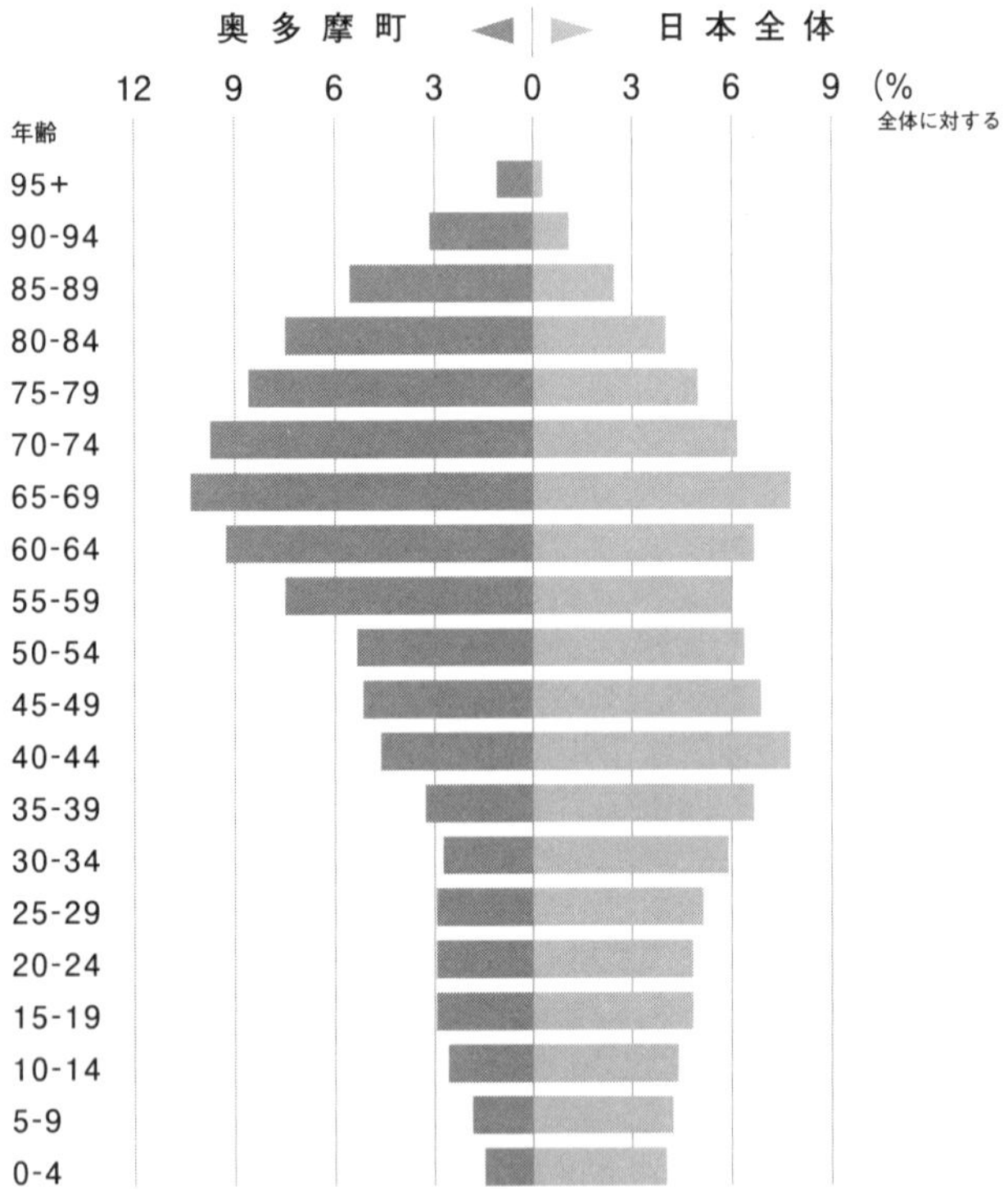

英誌 The Economist 2017 年 1 月 7 日号に掲載された
奥多摩町と日本の人口動態に関する図表。
(https://www.economist.com/asia/2017/01/07/desperately-seeking-young-people)。
奥多摩に代表されるような高齢化している自治体は少なくない。

猪瀬／「地方を肌感覚で知らなければ日本のビジョンは描けない」

落合くんが問題提起をしてくれたように、いま日本には課題が山積しています。僕がなぜ東京都副知事を引き受け、石原慎太郎《いしはらしんたろう》さんのあとに東京都知事をやったのか。最大の理由は、東京からならば、日本を変えられると思ったからです。

東京が先んじてビジョンを示せば、他の自治体も国もついてくる。中央政府、つまり霞《かすみ》が関《せき》は縦割りで意思決定が遅いし、東京以外の自治体は総務省から地方交付税交付金を仕送りしてもらうので勝手なことができない。そのほか霞が関の各省からも、自治体の事業に合わせて補助金が付く。昨日の世界、過去を基準とした世界からの補助金漬けになっているから新しいことがしにくい。

霞が関と地方行政の関係はそういう事情だから、東京を一つの国に見立てて動かし、国が抱える課題を先に解決してしまう。これが仕事だと思っていました。

東京都の職員にも僕は同じことを求めていました。彼らにいつも言っていたのは「東京都の職員は100点満点では不十分。120点を目指してほしい」ということでした。

東京都職員として東京都のために頑張るのでは100点にしかなりません。残りの20点に込めたのは、国や国民のために頑張るという視点を持ってほしいということでした。20点分は東京都のことを考えるのではなく、広い視点から考えてほしいということですね。

東京から国を変えようとトップが口で言っているだけではおよそ実現できません。僕は120点を目指そうという言葉をかけ続けることで、まず都職員の意識を変えていこうと試みた。もちろん、言葉だけでなく政策面、とりわけ人事面からもアプローチしました。

それが財政破綻《はたん》した北海道夕張市《ゆうばり》への都職員派遣です。2008年のことでした。東京23区より広い土地がありながら、当時で人口は約1万2000人、高齢化率が40%を超え、人口流出は加速している。そんな自治体ですので、およそ税収増なんて望むことができません。

市民税や水道料金を引き上げたところでとてもまかなえず、職員の給与は4割カットされることになりました。270人いた夕張市職員は一気に140人ほどに減ってしまった。そんな街で353億円の債権を18年かけて返済するという前例のない財政再建計画が始まっていたのです。これでは行政が機能するわけもなく、麻痺《まひ》寸前でなんとか助けないといけない、と思って東京から職員を派遣したのです。

僕も実際に夕張に行きました。とても印象に残っている風景があります。それは遊園地です。炭鉱閉鎖後に夕張で遊園地開設による観光振興策が行われました。なんとディズニーランドと同じ1983年の開園です。現地に行き驚きました。遊園地の観覧車は、市役所や鉄道駅のあたりとほぼ標高が変わらない谷間の位置にあったからです。観覧車が回るのは高いところから景色を眺めるためですから、低地帯にあったら意味がない。そんな遊園地をつくることでほんとうに観光振興になると思ったのか。霞が関からの補助金をもらうために必要のない事業を始めてしまう、そういう補助金漬けになった地方の現実が象徴されているように感じました。

東京は他の自治体に比べて裕福と言われますが、財政の実態を仔細《しさい》に検討すれば決して楽観はできません。景気の波に左右され、税金が減る時は1兆円単位で減ってしまう。実際1999年には財政再建団体に指定される寸前までいってしまっていました。これもほとんどの人が忘れている経験です。財政破綻への危機感を持てといっても、持つことはできない。

夕張に職員を派遣したのには、東京だけが日本だと思ってほしくない、財政再建に取り組む地方の現場を若い職員にみてほしいという思いもありました。派遣した職員が働いていたのは真冬にもかかわらず経費削減のため庁舎の暖房が17時で切れてしまう役場です。

彼らは夕張市職員とともに、防寒着を着用して寒さに耐えながら深夜まで仕事を続けるという経験をしました。もちろん財政が切迫しているから残業代なんて出ない。彼らは手袋をつけていても、手がかじかんでしまいキーボードを打つ感覚すらなくなっていくと語っていました。

　夕張市内に6つあった小学校は一つになり、3つあった中学校も一つになり、雪下ろしの委託費すら工面できず市民プールの屋根が落ちるのです。これを見て何も思わない自治体職員はいないでしょう。財政破綻とは何か。地方が直面している過酷な状況を目の当たりにし、将来的に財政破綻のリスクを抱えた自治体が多くあるという現実を適切な想像力をもって考えることができる。東京都の職員研修でやってきた座学だけでは得られない経験をすることができたのです。

　都庁で夕張メロンなどを販売する夕張観光PR物産展を開催したのですが、そのときに都職員を対象に報告会をしてもらいました。講演ではっきりと感じたのは、彼らの言葉の強さです。現場を踏んで、地方自治体の置かれた厳しい環境や現場を見ること、課題を発見して動くことの大切さを学ぶことで言葉に強さが出てくる。

　現場の土地を踏んだ職員たちは、頭でっかちの議論ではなく、もっと肌感覚から議論ができるようになっていました。2018年現在夕張市の市長として活躍している鈴《すず》木《き》直道《なおみち》くんはもともと都庁から夕張に派遣した最初の都の職員です。彼の選挙やその後の活躍をみていても、過酷なときに現場を踏んだという経験が活《い》きています。

　東京生まれ、東京育ちのエリートは、自分が住んできた東京や都市部の経験を絶対視してしまっている。東京から地方を見る、地方から東京を見る、そういう複眼的な視点が欠けているところがあります。

視点を変える、という経験がなければ本質は見えてこない。結果として、日本全体や世界の中から自分自身の存在も見えてこないんだということをわかってほしいのです。

自分の立ち位置を知らない人材にできることは限られます。自分の周囲だけが当たり前なのではなく、日本国内も多種多様であり、まず東京と地方ではまったく違う。これを世界に置き換えてみましょう。日本の当たり前を他の国でも当たり前だと思い、適当に振る舞ってしまえば「この人は日本のこと以外は何も知らない視野が狭い人」だと見なされ、うまくいくはずの交渉もうまくいかなくなります。

日本の文化を知り、他国の文化を知った上で、立ち居振る舞いを決める。これが国際的な舞台で求められることです。

冨山和彦《とやまかずひこ》さん（経営共創基盤ＣＥＯ）がよく言っている、ＧとＬの議論につながるものがあります。Ｇというのはグローバルエリートの世界、つまり東京を中心としたビジネスパーソンやエリートの世界を指します。Ｌはローカル、つまり地方の世界です。

Ｇが生み出すＧＤＰはだいたい３割程度で、人口的には20％程度が生み出すと言われています。残り７割のＧＤＰは80％の人口でまかなわれている。残った人たちというのはみんなローカル、つまりLの世界に住む人たちで成り立っているというわけです。世界を見渡しても、GDPの7～8割がローカルから生まれている。実際のところ、東京の人が思っているほどグローバル産業は多くはない。この事実が意味しているのは、地方を知らない限り、ビジネスでも政策立案でもうまくいくことはないということです。

夕張に行った鈴木くんの話を若い都庁職員たちは食い入るような眼差《まなざ》しで聞いていました。単なる座学だったら、ここまで真剣に聞くこともなかったでしょう。この反応をみて、より短期の派遣である「タイムリー研修」という制度も導入しました。長期は無理でも短期なら行ってみたいというニーズもあり、いろいろな部局から参加してもらったのです。彼らは行くだけで、住民目線とは何か、現場に立つとはどういうことなのかを学んで帰ってくる。

東京都の職員派遣からさらに夕張支援の流れができて、いろいろな自治体が加わった。そういう流れのなかで東日本大震災が起きると、被災した自治体へ、全国の自治体からたくさんの職員が派遣された。その後、各地で地震や洪水被害が相次いでいるが、自治体間の協力は続いている。霞が関は補助金や交付金を出せても人は出せないのだから。

現場を知ることから、ほんとうの意味での広い視野、歴史的な視点、多角的に物事をとらえる力をもった人材が生まれてくるはず。こうした人材が2021年以降の日本をつくっていく中核になると思います。

財政破たんした夕張市

夕張市はかつて炭鉱の町として栄えたが、エネルギーが石油中心にシフトし炭鉱が続々閉鎖。産業も空洞化し2007年に353億円の負債を抱え「財政再建（10年より再生）団体」（事実上の破綻）に陥った。最盛期12万人を超えていた人口が若者を中心に流出。2018年現在は1万人を切る。「全国で最高の負担、最低の行政サービス」という状況になっているが、「高齢化」「人口減少」「財政難」という日本の多くの自治体、日本国全体の社会課題が集約した課題先進地であり、最先端としての可能性を秘めている。
（写真＝アフロ。歴史村のオープン当初と現在）

Lの世界（ローカル経済圏）

商品	◎コト、サービス（基本的に対面型） ◎生産と同時にその場で消費される（同時性・同場性）
業種例	◎交通（鉄道、バス、タクシー）・物流 ◎飲食・宿泊・対面小売・卸売 ◎社会福祉サービス（医療、介護、保育等）
産業構造	◎サービス産業、中堅・中小企業が中心 ◎ローカル経済圏での不完全競争（労働集約的、密度の経済性で分散的な産業構造⇒地域密着型の域内競争が基本） ◎ＧＤＰ比は長期漸増で 60 ～ 70％超の世界（先進国共通のトレンド）
生産性	◎日本は労働生産性が非常に低い ◎同一業種の事業者数が多く、生産性のばらつきも大きい
雇用	◎空洞化が起きにくく、長期的に増加傾向（約 80％の世界） ◎労働集約型（平均的技能の人材が中心、低賃金） ◎ジョブ型雇用中心で流動性が高い
特徴	◎不完全競争市場、かつ公共性の高い規制業種が多く、市場規律が働きにくい（顧客の商品選択の自由が限定的） ◎従来は「雇用の受け皿」だったが、今後は労働力不足がより深刻化するため、労働生産性と労働参加率の向上が喫緊課題 ◎地域社会との共創・共生的な経済原理と相性が良い

冨山和彦氏によるG型L型の議論

Gの世界（グローバル経済圏）

商品	◎モノ、情報 ◎持ち運び可能
業種例	◎自動車・電機・機械 ◎医療機器・製薬 ◎情報・IT 産業の非対面機能
産業構造	◎製造業、大企業が中心 ◎グローバル経済圏での完全競争（資本集約的でグローバルな規模の経済性、世界水準の差別化⇒栄光か淘汰か） ◎GDP比は長期漸減で約 30 ～ 40%の世界
生産性	◎日本の労働生産性（投入時間当たりの付加価値生産額）は世界トップクラスかつ事業者間のばらつきも小さい ◎資本利益率（ROE、ROA）は改善の余地大
雇用	◎長期的に漸減傾向（約 20%の世界） ◎知識集約型（高度な技能の人材が中心、高賃金） ◎メンバーシップ型雇用中心で流動性が低い
特徴	◎生産拠点の立地選択が必ずしも商品の消費地に依存しない（拠点ごとに目的に応じた最適な立地を選択可能） ◎国際経常収支的には、貿易収支または所得収支の稼ぎ手 ◎グローバルな競争市場の原理に支配されざるを得ない

東京と地方の違いがあることを見ないと課題を見誤ると落合陽一と猪瀬直樹は言う。経営共創基盤CEOの冨山和彦氏は産業構造について、上記のような「Gの世界＝グローバル産業」と「Lの世界＝ローカル産業」に二分した見方を提案する。図は冨山氏の資料「地方創成と生産性＆賃金向上の課題」〈産業構造が大きく異なるGとLの経済圏が存在。雇用は長期的にはGは漸減傾向であるのに対し、Lは増加傾向・労働力不足が深刻化〉より作成。

(http://www.soumu.go.jp/main_content/000317953.pdf)

落合／「テクノロジーが東京と地方の共通項に」

僕は地方を講演で回っていますし、茨城の大学に通っているので、茨城のヤンキー（いばヤンと呼ばれています）の話を聞いたり、地方の現実を肌身で感じることが多々あります。さまざまな社会課題を議論する上で、まず東京と地方の間に構造の違いがあることを認識することが必要です。例えば東京はこれから世界でもっとも人口が集中した超都市になっていく。一方で地方は真逆で超過疎地域を抱える。そのギャップをどうやって、一つの国家のなかで成立させるのかという議論が必要です。

さて、日本は都市と地方、それぞれに課題を抱えていますが、課題先進度でいえば地方のほうが高いという現実は認識する必要があります。東京の課題と地方の課題はもちろんつながるものもありますが、必ずしもイコールで結ばれるものばかりではありません。

僕は地方の課題を解決するためにこそ、テクノロジーが重要だと考えています。たまにテクノロジーで分断が進むといったテクノロジー恐怖症、テクノロジーフォビアとでも呼びたくなるような議論に遭遇します。テクノロジーによって人の仕事が奪われる、テクノロジーによって人と人の絆《きずな》が失われる、テクノロジーによって地域の分断が進む――といったものです。

現実は逆でテクノロジーによって分断されるようなことはない、というより分断されようがない。それはプラットフォームに乗った共通部分を探すことで見えてきます。

スマホを例に考えてみましょう。最初にスマホが出てきたときに反応したのは確かに都市部のアーリーアダプターでした。これは間違いではないでしょう。しかし、いまはどうでしょう？　地方に行ってもスマホを持っている人は珍しくもなんともない。もはや都市、地方にかかわらず誰もが持てるものになったといっていい。これは先進国と発展途上国との関係もそうで、スマホであらゆる決済を行う文化が成立しているのはむしろ発展途上国です。

もちろん、注意は必要です。

第1にテクノロジーに使えるお金の額は都市に住む人と地方に住む人では異なってくるでしょう。第2に都市部と地方だと与えられる教育や価値観、そこに住む親の考え方も違うでしょう。とはいえ、こういった差異だけでなく、共通項に目を向けてほしいのです。

どちらもスマホを使っているし、アマゾンは使っているし、同じようにインターネットを使って調べて、ツイッターやフェイスブックでつながり、YouTube もみて、共通するメディアに触れている。

こんな時代がやってくるということを、少し前に想像していたという人はどのくらいいるでしょうか。

プラットフォーム化したテクノロジーは分断を促すというより、都市と地方を結んでいる最大の共通項になっています。

猪瀬さんが指摘する通り、東京生まれだから東京しか知らないという状況はかなり問題があり、僕は地方論もちゃんとやるべきであると以前から語ってきました。夕張の話も出たので、北海道にまつわる話をいくつかしておきたいと思います。

僕は講演会などで事例を出すときに、北海道の人口密度の話をします。2015年段階で東京の人口密度は6168人／㎢。北海道では68・6人／㎢。じつに100倍近いひらきがあります。東京の過密度からすると、もはや考えられないくらいの割合になっています。

グローバルエリート＝G層とローカル＝L層の分断はアメリカ大統領選挙でクローズアップされた問題でもありました。北海道の状況は、ほんとうにアメリカのローカルと近いような感じです。

北海道には札幌《さっぽろ》市という中核になる都市がありますが、それ以外の町が都市構造になっているのかというと、そんなことはありません。同じ北海道であっても、国が違うのと同じような形で、全然違う構造で動いている町がそこかしこにできている。そうなると、文化も違っ

人口動態がもたらす日本の都市と地方の構造の変化

2045年までの人口の推移(単位 1000人)

	2015年	2020年	2025年	2030年	2035年	2040年	2045年
東京都	13515.3	13733.0	13845.9	13882.5	13851.8	13758.6	13606.7
北海道	5381.7	5216.6	5016.6	4791.6	4546.4	4280.4	4005.0
沖縄県	1433.6	1459.6	1468.2	1469.8	1465.8	1452.3	1428.3
南関東4都県	36130.7	36351.8	36236.6	35878.1	35334.9	34666.7	33907.4
南関東4都県以外	90964.1	88973.0	86307.5	83247.0	79880.8	76251.9	72513.8
全国	127094.7	125324.8	122544.1	119125.1	115215.7	110918.6	106421.2

2045年までの人口密度の推移(1キロ平方キロメートルあたりの人数)

	2015年	2020年	2025年	2030年	2035年	2040年	2045年
東京都	6423.6	6527.1	6580.8	6598.2	6583.5	6539.3	6467.1
北海道	64.5	62.5	60.1	57.4	54.5	51.3	48.0
沖縄県	629.6	644.8	645.5	643.7	637.8	637.8	627.3
南関東4都県	2702.4	2718.9	2710.3	2683.5	2642.9	2592.9	2536.1
南関東4都県以外	249.6	244.1	236.8	228.4	219.2	209.2	199.0
全国	336.4	331.7	324.4	315.3	305.0	293.6	281.7

2100年までの人口の推移

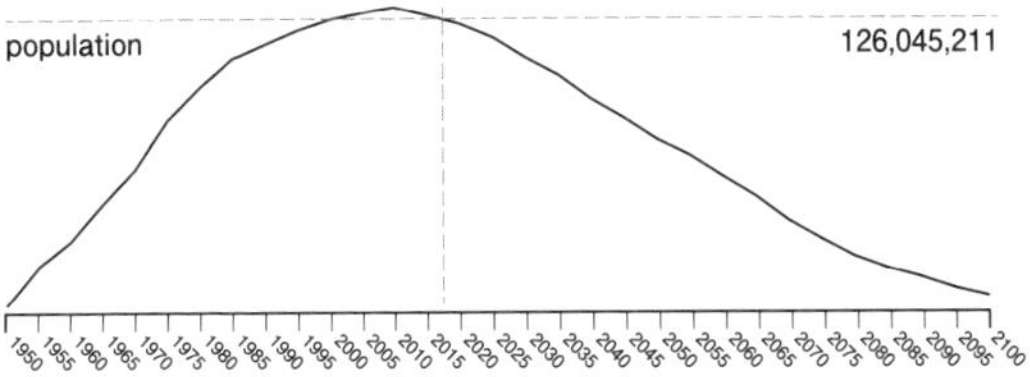

国立社会保障・人口問題研究所による将来推計人口・世帯数
(http://www.ipss.go.jp/syoushika/tohkei/Mainmenu.asp) を元に上記の表を作成。2030年ごろまで人口が増えているのが東京と沖縄の2都県。南関東4都県(東京、神奈川、千葉、埼玉)とそれ以外の都道府県に着目すると、人口がより南関東に集中していく傾向が見て取れる。
グラフは国連が発表している「World Population Prospects, the 2017 Revision」(https://www.populationpyramid.net/) より。日本の総人口は2060年代に1億人を切り、2100年には8300万人ほどになるとの見方がされている。これらのデータから直近30年間で南関東4都県とそれ以外の地方では人口問題に紐づく目下の課題が異なること、加えてその先を見据えて地方での課題解決に積極的に着目すべきだと落合陽一は述べる。

てくるので、現状のまま人口減少、過疎化が進行すれば、経済圏そのものが全体的に機能不全を起こす可能性が高くなってきています。

かつて地方のインフラを支えた地方電鉄も全部なくなる可能性があります。当たり前の話ですが、地方の原風景はかなり変わってくるでしょう。これと同じことが遠からず各地で起こり、機能不全を起こす自治体も増えてきます。そのときに医療問題、医療インフラは最重要課題になります。

一方で東京の人たちは人口が増え続けているため、過疎化で起きる課題、それもテクノロジーを活用することで解決可能なはずの課題に気づかないまま日々を過ごしています。

僕はこの認識のギャップをまず解消すべきであると考えています。

北海道でニーズが高いものの一つにドクターヘリがあります。当然ですが、ヘリは車よりも圧倒的に速い。速やかに患者を中核になる病院まで運んでいける。仮に過疎化して高齢化が進んでも、最大のポイントである病院への搬送手段がテクノロジーの進歩によって確保できる。

ドクターヘリがそこかしこで必要とされる時代がこのままいけばやってきます。猪瀬さんは、地方の大きな病院は高台につくられていることが多く、徒歩では遠すぎるため車を運転できないお年寄りが取り残されてしまう。だからもう一度、コンパクトシティ構想を進めるべきである、とお話をされていました。

僕も、ただ人口減少を待っているだけの現状、解決できる問題を放置し続けることそのものに問題があると思っています。もうすぐやってくる5G（第5世代移動通信システム）の時代では、テクノロジーの進化によってドクターヘリも大きな変化、ユーザーにとって歓迎すべき変化を遂げる可能性を秘めています。事故現場に急いでヘリが向かい、ヘリ内に設置された医療ロボットを遠隔地から腕利きの医者が操縦し、患者の応急処置がすぐできる。そんな形で医療や介護分野での採れる選択肢も増えてきます。

僕は人口減少そのものは危機でもなんでもないと考えています。過疎化によって土地が余るというのも考えようによっては大きなチャンスです。人口減少、すなわち労働力の減少や人的コストの拡大はテクノロジーの進化によって防ぐことができます。余った土地の活用法は権利問題さえクリアすれば、一気に解決が見えてくる。例えばブロックチェーン技術を使って、財産権をクリアにして民間に開放することで、僕たちが思いも寄らない有効な活用法が見つかる可能性が広がるのです。むしろ、それこそが地方を再興させる鍵《かぎ》だと言っていい。

僕が考える地方再興を実現するための最大の条件はテクノロジーフォビアにならないこと。ロボットフレンドリー、テクノロジーフレンドリーであること。これに尽きます。

テクノロジーは問題を解決するために使われていくものであり、その恩恵は誰かを排除することもなく広く行き渡ります。こういう話をするとすぐに反応してくるのは中国メディアです。中国は今後急激な高齢化が進むと予想されているので、課題を解決しようと話を聞きにくる。日本の研究者が、中国で介護ロボットなどの先端技術の実験をしたいと言えば（もちろん、条件にもよりますが）「ぜひやってほしい」と言うのではないか。そのくらいの熱量があります。翻って、日本はどうでしょうか。GDPは中国に抜かれ、満足な経済成長ができていません。

なにが危機なのか。例えばこのまま放置すると日本を日本たらしめていた文化や美術が崩壊しかねません。

この前、京都で伝統工芸を見て回り、刺繡《ししゅう》の職人たちと話をしました。彼らの作品はとても綺麗《きれい》な絹糸を使い、何年もかけて仕上げていく。能舞台の衣装としても使われており、その華やかさは他にはないものです。ところが伝統工芸の跡を継ぐ人がいない、作品を買ってくれる人がいないという状況になっている。経済成長自体がすべての目的であるかのような議論の仕方は間違っていると思いますが、現実に経済成長がないひずみはこうした地場産業に押し寄せています。

GDPの7割を生み出すLを考えること。地方再興戦略を練ることは、日本を日本たらしめている文化を守ることにもつながるのです。課題先進国である日本で、その課題が最も先鋭化されて噴出してくるであろう地方で、テクノロジーによって課題を解決することができれば、その自治体なり技術は世界を20年先取りするイノベーションを起こしたということになります。課題解決先進自治体、課題解決技術という立ち位置を獲得することになる。ほんとうの意味での最先端を走ることができるのです。

この本では「近代の超克」、すなわち2021年に向けていまの日本を規定しているさまざまなシステムを見直すこと、そして2050年を見据えて、この国の在り方や、生き方をどう描くかをテーマにしています。そのためには将来を悲観せず、理想の社会に向けて一つひとつできることを探していくことが求められます。

現状を嘆くだけで終わるのか、あるいは解決に向けて動き出すのか。いまこそ後者の決意が必要とされているのです。

猪瀬／「全国に通じる視点で思考する」

僕は東京から日本を変えるものを打ち出したいと思っていました。意味するのはこうです。東京だけでしかできない政策ではなく、地方から見たときに地方でも使える政策、国が少しバックアップをすれば地方でもできるという政策に取り組みたい、と。

例えば保育所や小学校の問題は、はっきり言ってしまえば東京、都市圏の問題です。東京でも待機児童問題を解消しようとかなり取り組みました。確かにまだ問題が解決したとは言えないのですが、石原都政時代に実現した認証保育所と、僕が国より2年前倒しで提案した小規模保育制度と成果は出してきたと思います。

地方に行ってみると、保育所は余っていて、小学校の統廃合が進んでいます。東京とは違う現実があることに気づかされます。だからこそ重要なのは、東京から始めて地方と日本を視野に入れることができる政策でした。

いま広がりを見せている、サービス付き高齢者向け住宅＝サ高住は、もともと副知事時代に東京でケア付き住宅の導入を推し進めたことがきっかけになって広がっていった政策です。

これまでの住宅政策は住宅を供給するということにばかりとらわれて、必要とされる住宅とは何かを考えていなかった。このケースで言えば、ほんとうに困っているのは増え続けている高齢者とその家族です。ただ東京都が住宅を提供すればすむ話ではない。

この手の政策は、国がいざやろうとしても、霞が関特有の問題でまったく動かない。まずケア付き住宅のような政策は厚生労働省と国土交通省の、どちらが管轄するかということで決着がつかなくなってしまう。厚労省は何らかの規制をかけたいと言い始める。介護の人もいない住宅に、高齢者を住まわせてしまっていいのかなど、規制ありきで議論をしてくる。

逆に国交省はどんどん建物をつくりたいという思いが強い。建築業が栄えるから、むしろいいのではないかという。利害関係や省益がまったく折り合わない現実がありました。

実際に東京都は特別養護老人ホーム＝特養が圧倒的に足りていないわけです。例えば杉並《すぎなみ》区は静岡県の南伊豆町《みなみいずちょう》と自治体間連携を強めて、事実上、杉並区の区民の移住を視野に入れて特養を確保しようとしています。

当時の試算でも、2025年に予想される都内の要介護4以上の高齢者数は18万人にもなっており、仮にそれに対応できるだけの特養を都内に新設しようとすると、建設コストは総額約3兆円にもなると試算されます。それでは国が消費税を大幅に引き上げるくらいしか財源が確保できず、対策ができないということになる。そんなバカバカしいことはない。

まず問題を整理してみました。最大の問題は高齢者とその家族には「住宅か施設か」という選択肢しかないことです。だから、もともと在宅でも生活が困難になったという人が施設に集中してしまい、待機者が出てしまっていたのです。

僕は、だったらそこに第3の選択肢を入れてみたらどうかと考えた。住宅と施設の中間的なものを整備する。ケア付きの賃貸住宅を導入し、社会福祉法人以外の担い手にも参入してもらう。民間業者のほうが効率的に拡大し、運営をしていこうという意欲があるからです。

そして現在はどうなっているか。東京のケア付き住宅から始まり、霞が関が追随してサービス付き高齢者向け住宅、いわゆるサ高住が解禁となり、どんどん経営者は参入してきていますが、入居率は80〜90％と非常に高く、ほぼ満室状態です。それでも多くの企業が参入したことで料金は下がってきています。これはニーズが山ほどあったという証拠でしょう。東京から始めたことで国が動き、市場が活性化したのです。

最近、僕のところには介護事業の経営をやっている若者がやってきます。先日、彼が沖縄で障害者の介護住宅と施設をつくりたいという経営者を連れてきました。僕がなんで障害者向けの介護住宅をやるのかと質問したら、彼は「いや、もう市場はいっぱいあるんですよ」と返してくれる。沖縄でもニーズはいっぱいあるのだと。実際沖縄は東京と並んで2030年の人口が2015年より増える数少ない都道府県です。そのため現在はあまり危機感がありませんが、今後を見据えて新しい介護住宅、介護施設をつくって経験を積んでおかないと、これからの新しい市場に対応できなくなるとも言うのです。

サ高住は浸透して、意欲的な民間、若い担い手が参入して新しいサービスを打ち出そうとしている。新しい市場が切り開かれたから、新しいサービスが生まれていく。このサイクルが重要な市場を開拓するということです。

行政はいたずらに規制をかけるのではなく、責任を持って、いらない規制を撤廃して民間業者の参入を促せばいい。問題が起きそうなものには先手を打って、対策を考えて、ルールを整えればいいのです。行政の責任は第一義的に必要なルールを作るところにおく。ゴールはイノベーションが促進され、国民の生活がより快適になることなのだから。

僕は出身が長野で、作家として全国各地を取材で回りました。小泉政権で道路公団改革にも関わったから、凝り固まった行政の論理も肌感覚で知っています。東京だけではなく、地方の視点も持っている。政治家というより作家の視点を持っている。だからこそ、問題を複眼的にとらえることができて、市場に必要な政策を先取ることができたのだと思っています。

複眼的に考えられる経営者、行政関係者がいれば、落合くんが魅力とともに語ってくれた素晴らしいテクノロジーを使ったイノベーションだってもっと加速するでしょう。早期に実現可能な技術とビジョンがあるからです。

落合／「5Gで起きる介護革命」

テクノロジーの話をしていると、「どうせ都市にしか恩恵がないんだろう」とか、「地方にとってはなんのメリットもない」と思われがちです。ですが、ほんとうにそうでしょうか？ 都市だけでなく、地方も視野に入れて全国を動かしていくためにテクノロジーができることは何かを考えてみましょう。

猪瀬さんの話のなかで重要なのは、常に複眼的な思考をもって、誰にとっても恩恵がある政策を取り入れることですよね。僕もそれに倣って話をしてみます。同じく介護を事例にとってみましょう。5Gが導入されることで、問題解消に向けて動き出すと僕が考えている分野が介護です。地方に行けばどこでも高齢化とセットで介護の問題が付いて回る。

「えっ、なんで介護の話がいきなりテクノロジーとつながってくるんだ？」と思う人も多いのではないでしょうか？

じつは僕の研究室では、車いすの自動化など遠隔地からの介護に使える技術の研究に力を入れています。いまの通信技術で遠隔操作に取り組もうとしても、ちょっとした遅延が出てしまうのです。通信に遅れが出ると、看護師さんが離れた場所からリモートの車いすを操作しようとしても人やモノにぶつかりやすくなってしまう。技術的な限界があったのです。しかし、5Gが導入されればネットワーク遅延が1ミリ秒以下と非常に小さいため、いま起きているような遅延は起きません。

テクノロジーによって遠く離れた人に対して、物理的な干渉行動を即座に起こすことができるようになる。「テレプレゼンスロボティクス技術」と呼ばれる技術の進化が起きています。

ちょっとわかりにくいという人もいるかもしれませんが、例えばこんな想像をしてみてください。日本にいる名医が現地にある手術ロボットを通じて、アメリカやイギリスに住んでいる患者の手術をする。医師の動きは5Gによって遅れることなくロボットに伝わり、手術ロボットが名医と同じように動いて、手術が終わっていく。そんな未来が待っていると言えば、具体的なイメージがわいてきませんか。

介護でも遠隔操作が可能になることで、人的なコストを抑えることができます。遠隔介護が可能になれば、将来的にいままで人がやっていた仕事を自動化されたロボットで補うことができるようになります。車いすも遠隔操作が可能になれば、現場の効率化にもつながることになり、人手不足に嘆くような状況が過去のものになるかもしれない。

遠隔操作可能な介護ロボットを導入して、ロボットアームにおむつを取り替えてもらうということも可能になる。車いすが自動化すればほぼすべての高齢者の移動問題が解決する。

技術開発がうまく進めば、身体に車輪を装着して動き回るようになるかもしれない。全身をうまく動かせない老人がいたとしても、パワードスーツを使えば自由に動き回れるようになるかもしれない。

地方のお年寄りが家で寝たきりになってしまうという問題だって、テクノロジーによって解決可能なのです。いま人的コストが膨大にかかってしまっている問題が、テクノロジーが発展したらどうなるか。人を増やすのではなく、技術を使って、置き換えて解決できるのです。こう考えると、人間の身体という概念そのものが問い直されている時代に突入しているということがわかるでしょう。

こうした話をすると必ず「いや、人の温もりが大切なんだ」という反応があります。たしかに「人間とロボット（AI）、どちらにお世話してもらいたいですか？」と聞くと、そういう反応になる人は少なくありません。ロボットやAIといったテクノロジーが、いまの被介護者にとってはなんだかよくわからないものに聞こえるからです。

けれども「それでは、ウォシュレットと、おじさんにお尻を拭いてもらうのは、どちらがいいですか？」と聞くと、この質問に対しては多くの人が「ウォシュレット」と答えます。生活の接点に即して具体的にイメージできるように落とし込んで伝えられれば、新しいテクノロジーを受け入れてもらうのはそう難しいことではありません。

猪瀬さんが民間企業によるイノベーションが大事だと指摘していましたが、5Gと介護の分野も同じです。技術力がある民間が参入することによって社会的な問題の解決につながるようなイノベーションが起きて、マーケットニーズが生まれる。こうした技術革新が進むことで、地方に住んでいても損をするということがなくなるかもしれません。

もう一つ、地方のコミュニティを回復するためにテクノロジーが役に立つという話をしておきたいと思います。いま宅配便は人間が一軒、一軒回るようになっていて、時間的にも人的にもコストが恐ろしく高い。日本全国をくまなくカバーする物流はものすごいインフラですが、ほんとうに効率的なのかは疑問が残る。

だからこそ、5G導入でこれも進化が期待されている自動運転などの技術が活用できるのです。5Gで遠隔手術が可能になるのと同じように、スムーズな車の遠隔運転も可能になります。いま走行実験が続いているオフラインの自動運転の車とは違い、無人だけど自分で運転できる車の誕生もすぐそこまで迫っています。技術的には可能なのです。

では、これらをどう活用するか。宅配便についていえば、例えばコミュニティごとに集荷場を作って、そこまでは宅配サービスで配達してもらう。そこから先は地元の人たちで配ってくださいという形で、コミュニティ特有の無償の労働力をわけあう。野菜をわけあったりするのと同じように、何らかの価値や労働力を出し合うことで維持されるのがコミュニティの特徴です。これを活用し、運送会社にとっても、コミュニティにとっても効率的なやり方を目指す。

集荷場から先は5Gでつながった自動運転の車やロボットが運ぶことだって可能です。集荷場にはコンビニを使ってもいいでしょう。コンビニは24時間開いているというのが大きいですし、あとお金をおろしたり、公共料金を支払ったり、宅配便を送ったりするといった生活に必要なインフラを一つに集約した機能を備えています。

最寄りのコンビニを集荷場にして、いったんコンビニまでは荷物を持っていく。あとはスマホに連絡がきて好きな時に取りにいくとか、ロボティクスを活用して配達する仕組みをつくる。既存のインフラに5G導入でテクノロジーをミックスすることの恩恵は計り知れないものがあります。

いま普及しているインターネットを筆頭にしたテクノロジーは大きなマスを規定するのではなく、パーソナライズによる最適化をもたらすものです。それは各地域、各個人にとって最適なものを提供する仕組みが整うことを意味します。テクノロジーの恩恵は地方のお年寄りから、若者まですべての人々が享受します。いや、むしろ過疎化が進む地方の方が、人手不足を補い、労働力を補い、既存のインフラを再活用することの恩恵を得られるようになるでしょう。

僕が小泉進次郎さんと主催した「平成最後の夏期講習」に、全身の筋肉が次第に動かせなくなっていく難病、ＡＬＳ（筋萎縮《いしゅく》性側索硬化症）の当事者であり、いまはＡＬＳの啓発活動に取り組む武藤将胤《むとうまさたね》さん（一般社団法人ＷＩＴＨ ＡＬＳ代表）が参加してくれました。

テクノロジーの進化は、武藤さんのような方による、ファッションやコミュニケーションの力を使って社会に向けて啓発をする動きをサポートするものです。どのような病気や障害があったとしても、自分らしく生きて、働くということが可能になってくるからです。

テクノロジーによってもたらされる社会変化の本質を見失うことなく、まずは何ができるようになるのか、想像力を働かせることが重要です。猪瀬さんが冨山さんの議論を引いて指摘されているように、ＧＤＰの７割はローカルの世界から生まれます。７割の力を引き出すために必要なイノベーションの鍵を握っているのは、テクノロジーです。

困難と闘いながら新たなビジョンを提案する武藤将胤氏

「平成最後の夏期講習」でプレゼンターを務めた武藤将胤氏は障害と向き合うことで生まれるイノベーションを模索している。
武藤氏が罹患しているＡＬＳ(筋萎縮性側索硬化症）は、運動ニューロン（神経系）が老化し、徐々に動かなくなっていく難病。極めて進行が速く、2018年現在治癒のための有効な治療法は確立されていない。平均余命は3~5年といわれており、世界で35万人、日本に約1万人の患者がいる。
武藤氏は闘病しながら、一般社団法人ＷＩＴＨ　ＡＬＳを起業。
さまざまなテクノロジーの力でＡＬＳやその他難病患者、その家族、非患者のＱＯＬ(Quality of Life）の向上に貢献することを目指している。

落合／「適材適所を下支えするブロックチェーンの可能性」

日本の近代化というのは、地方も含めて平等にインフラを整備することだった、と各地を回っていて強く感じることがあります。だいたい、どこにいっても日本には鉄道、道路、テレビ、ラジオ、インターネットと、インフラは全部整っています。これを効率的に適材適所に組み替えていくのが「ジャパン2.0」、つまり日本の近代インフラの超克と改修なのです。

ちょっと考えてみてください。スマホを広げればLTE（4G）にこれだけ各地で接続できる国はじつはそう多くありません。みんなが当たり前のようにインターネットにつながると思っている国もほぼない。これはほんとうにすごいことで、僕が日本に可能性が残っていると言い切れる根拠でもあります。みんなが当たり前のようにインターネットにつながっているということは、5G時代のイノベーションを違和感なく受け入れていく人が多いということであるといえるのではないでしょうか。

そんな日本に相性が良いと僕が思っているテクノロジーがあります。ブロックチェーン、トークンエコノミーです。この言葉が出てくると、とたんに「難しそう」とか、「自分には関係ない」と思う人たちが出てきてしまうのです。

ブロックチェーンは分散型の台帳技術、簡単に言えばあらゆるデータの移動歴を信頼性ある形で保存し続けるためのテクノロジーです。誰かが一元化して管理するのではなく、全員のデータに全員が信頼をつけて保っていくことができる、非中央集権的な技術であることに最大の特徴があります。

誰かが管理する中央機関がなくても、非中央集権的な仕組みができて経済が回っていく。代表的な成果がビットコインに代表される仮想通貨の技術です。ブロックチェーンの技術を使った仮想通貨によって回っていく経済圏がトークンエコノミーです。トークンというと難しいかもしれませんが決済システムとしては、近い電子マネーはすでに日本にたくさんありますよね。

ＴＳＵＴＡＹＡのＴポイントカードもＡＮＡのマイレージもトークンのようなものです。みんなすでにトークンを使っていたのです。ブロックチェーンの技術が進めば、例えば地方自治体が自治体ごとのトークンを発行して、独自の経済圏を生み出すことができるかもしれません。

「財源がない」というのが地方を回ると必ず出てくる言葉です。これは日本のいまの仕組みが中央集権、つまり国が税金を集めて、地方交付税として各地方に配るということが基本的な仕組みになっているからです。自治体は住民税と固定資産税くらいしか独自財源がない形になっています。

いまは金融庁の縛りがきついのですが、自治体の新しい選択としてのトークンエコノミーは一考の価値があるかもしれません。例えば僕が通っている茨城県が独自にトークンを発行する。その際に、「こんな茨城をつくりあげる」とビジョンを示し、賛同する人たちから投資を募ればいいのです。「都市部に近いところで、広い土地に住める」「大学と連携して先進的な研究に取り組む」「文化的な資産を活用する」、足元を見渡せばたくさん魅力があります。

自分たちの魅力を見つけ、投資を募っていく。そこは自治体間の競争になるでしょう。お金を集められる自治体、集められない自治体で差がつくかもしれない。しかし、健全な競争もなく国からの助けを待っているよりはるかに魅力的な未来ではないでしょうか？

ブロックチェーンの技術を使えば、シャッター街化した商店街や空き地、無人の家も再活用できる。地方を中心に、今後、地権者がいなくなってしまい、どう処分していいかわからない土地や家屋が大量に出てくるものと予測されていますが、それらを効率的に利用できる可能性があります。

土地や建物をまずブロックチェーンと紐《ひも》づけることも将来的に検討すべきです。いまのうちに全部登録して、全部紐づけしてしまう。これは一度全力で取り組めば終わる話です。

紐づけたデータを使って、人が住んでいなかったり、土地が放棄された土地、使われていない建物を把握する。所有者不明の土地、建物はその時点で新しい所有者を募ればいい。財産権をブロックチェーンで管理することで、土地や建物を探している人にとっても、マッチングしやすくなるというメリットがあります。建物も立派なインフラです。使われなくなった建物は自動的に壊して、別のものを建設する。あるいは、使いたいという人に渡してしまう。ブロックチェーンの技術を使えば、決して難しいことではありません。

使われていない建物、余っている土地を塩漬けしたまま放置することと、使いたい人に開放すること。どちらがイノベーションにつながるかといえば、圧倒的に後者です。民間に開放して、彼らのアイディアを活用したほうが豊かなものがうまれると思うのです。

同じような発想で、地方テレビ局で余っているスタジオはユーチューバーに開放して、自由に使ってもらえるようにすればいい。小中学校の廃校を老人ホームにするという動きはもう始まっているし、大学だって地方の拠点として再活用できます。

適材適所に組み替えるというと、難しいことを言っているというイメージになってしまうけど、決してそんなことはありません。むしろ話はシンプルです。

余っているものを余すことなく活用する。遊休資産活用のために必要なテクノロジーは進歩している。それを活用できれば問題の解決は近づいてくるのです。

ブロックチェーンの社会的インパクト

政府・行政機関の扱いで ブロックチェーンに移行可能なモノ	
婚姻届	財産所有
調達競売	自動車登録
旅券交付	特許
給付金業務	税金
土地登記	投票
免許の交付	国債
出生証明	訴訟、コンプライアンス

ブロックチェーンはビットコイン開発の過程で生まれた、
取引を記録する分散型台帳を実現するための技術。
この技術を用いることで、取引記録を、瞬時に、低コストで、
改ざんがきわめて難しい形で管理できる可能性がある。
そのため金融やコンテンツ産業、行政サービスなどの分野で
強い期待が寄せられている。
上記の表は行政サービスにかかわる分野で、
ブロックチェーンへの移行が期待できるもの。
（ウィリアム・ムーゲイヤー・著　黒木章人・訳
『ビジネスブロックチェーン』日経ＢＰ社より引用）
落合陽一が指摘するよう一度土地と所有者を紐づけられれば、
以後の取引はきわめて高い信頼度で記録され続ける。
たとえば著作権ではブロックチェーンを用いた
管理を実現する民間のサービスも始まっている（米 Binded 社）。

猪瀬／「インフラの効率化を目指した道路公団改革」

落合くんが鉄道、道路、テレビ、ラジオ、インターネットといったインフラを効率的に適材適所に組み替えていくことが２０２１年以降を見据えた戦略的な視点として重要だと語ってくれた。

それには硬直した「官」から融通の利く「民」への転換として一つの道筋が残されています。小泉政権で、道路という公共財を私物化してきた道路公団を民営化した道路公団改革です。詳しくは僕が書いた『日本国の研究』『道路の権力』『道路の決着』などを読んでいただくとして、落合くんの話を受けて要点だけ紹介します。

道路公団改革は、まさに適材適所への組み替えでした。日本道路公団をはじめとする特殊法人等には、民間なら当たり前のコスト感覚がまったくない。彼らは国営企業なのにもかかわらず、傘下に大量の社団、財団法人、株式会社といったファミリー企業を抱えて、どこまでも天下りができるような体制を作り上げていました。これの財源になっていたのが、郵便貯金であり、税金でした。

つまり、みんなが働いて貯金したお金や税金を財源にして私腹を肥やしていた。簡単に言えば、インフラを効率的に活用していなかった。僕はこの国にあった事実上の国営企業を徹底的に取材して、調べ上げてこう思いました。国営企業は構造的に自分たちの問題を解決するインセンティブがないため、健全な資本主義の市場の中で鍛え直す必要がある。

かつて国鉄がＪＲになったように、電電公社がＮＴＴになったように、専売公社がＪＴ（日本たばこ産業）になったように、民営化すれば大きく生まれ変わる可能性がある。自分たちの存在に意義があるものなら、民営化してもやっていけるし、非効率なサービスなら淘汰《とうた》されていけばいいのです。

僕がコミットした小泉構造改革のポイントは国営企業だらけになり倒産した旧ソ連の二の舞にしてはいけないということに尽きます。非効率なものを残し続けて、国を潰してはいけない。

いわば郵便貯金は善男善女が爪の垢《あか》を集めた小口預金です。しかし国民の大多数が預金しているので２００兆円も貯まってしまう。利子を付けて預金者に返すには、融資をしなければいけない。郵便局という国営の銀行の融資先は、国営企業だったわけで、そのいちばんが日本道路公団でした。道路公団はすでに40兆円もの借金を抱えていた。そのままのコスト感覚で高速道路の建設を続けると、それが50兆円、60兆円に膨らんでいくことは必然でした。

借金返済には利用者からの料金収入を当てますから、今度は値上げになる、そういう悪循環をどこかで断ち切らなければいけませんでした。

一例をあげれば、東京近郊なら中央高速の八王子《はちおうじ》あたり、東名高速なら大和《やまと》バス停あたり、気づいている人もいると思いますが、極端に言えば100メートルごとに陸橋があります。500メートルで一本あればよいはずです。土地買収で地主に大盤振る舞いした結果です。コスト意識がなく、一事が万事、こんな状態での建設を続けていた。民営化してコスト意識をもたせた結果、いまでは40兆円の借金が10年余で27兆円ぐらいまで減っています。

日本道路公団は幹線道路という資産を有し、サービスエリアやパーキングエリアの運営もファミリー企業に独占させていた。何の努力もせずに適当な経営をしていました。そこも自由化したのです。

その過程で、道路族の議員や国交省、道路公団から多大な抵抗がありました。自分たちは民間ができないからこそコストをかけて実行しているのだ、と手を替え品を替え、彼らは何度も強調してきました。抵抗に流されて、一緒にやっていた民営化委員も次々に辞めていく。最後まで改革を断行できたのは、小泉さんが何が何でも最後までやると言ったからです。

彼らの抵抗にあうたびに、僕は何をバカなことを言っているんだ、と突き返し続けたわけです。特殊法人だった道路公団には、毎年のように税金やら郵貯や簡保を財源とする財政投融資やらで「予算」という名目でお金が落ちてきた。彼らは来年度の予算を減らされないようにするために、予算を使い切ることだけを考えていたんです。

だから、コスト削減の必要もなければ、効率化する必要もない。できるだけいいサービスを利用者に提供して、その見返りに対価を得て利益を上げていこうなんて発想は皆無なわけです。いま日本道路公団は、東日本、中日本、西日本、と三分割されました。その他の本州四国、首都、阪神も民営化されています。

天下りをやめさせて、自由参入を促す改革でした。その結果はどうなったか。かつてのサービスエリアを知る人には想像もできないような光景がパーキングエリア、サービスエリアに広がっています。スターバックスが入り、コーヒーを買うことができる。その土地ごとの名物が並び、好きな飲食店を選ぶことができる。もとより一等地だからサービスを見直せば、栄えるに決まっています。寂れた風景の世界がアウトレットモールのように変貌《へんぼう》したのです。

市場を開放してから、利用者サービスはどんどん良くなっていったと思います。ファミリー企業も排除されて品質だって向上した。利用の少ない夜間料金を下げて、インフラの効率的な活用も図った。経営の仕組みを適材適所に変えるだけで、これだけの成果を得られるわけです。

言ってみれば、僕がやったのはインフラとして整備されていた高速道路を引き取り、資産を活用したリノベーションです。もともと日本には整備されたインフラという武器がちゃんとあります。国が独占していたり、行政が活用しきれないままのインフラはまだ残っている。それをフル活用しよう、うまく使っていこうという発想で取り組めば、民間からアイディアが出てきて、成果がついてくる。

もちろん、この国に残っているインフラは資産ばかりではありません。整理が必要なものも、死に体になっているインフラもたくさんある。人口減少にあわせて効率化するか、整理していけばいいだけだと僕は思うのです。テクノロジーでそれができるなら、導入を検討すればいい。困ったら市場に開放すればいい。まったく意味がないサービスならどこも買い手がつかなくなり、無事に整理できるでしょう。

改革にしても、イノベーションにしても大事なのは待っているだけでは何も変わらないということです。僕はつねづね仕事は「発見」するものだと語ってきました。作家というのは浮世離れした特別な仕事だと思われがちですが、そんなことはありません。作家も企画書を作り、編集者を前に自分が考えていることを話し、そこで発注と受注の関係が生まれ、約束の納期までに生産物を納品する。こうして対価をもらうのです。

作家であっても納期に間に合わない、つまり締め切りに間に合わないということが続いたり、待った分だけの利益がないと見なされれば市場から退場していくほかありません。締め切りだけでなく、新しい視点も求められます。新製品開発と似ていますね。誰かの命令でしか書けない人は作家とは呼ばれなくなります。これは普通の会社でも同じではないでしょうか。上司の命令を聞いて、ただ仕事をしている人より、提案型の社員のほうが評価されるし、個人として評価がついてきます。

イノベーションが生まれそうな土壌を「発見」する。ニーズに気がつけば市場が生まれる。新しい市場が生まれれば、予定調和な日常とは異なる世界が待っているのです。

「発見」が仕事を作るということを忘れなければ、どこからでも新しい動きを起こせると思います。

落合／「人口オーナスを凌駕するテクノロジーボーナス」

ここまで地方の問題を語ってきましたが、東京には待機児童などの地方とは別の問題があります。

東京都の予測によると、2025年まで東京全体の人口は伸びるという想定がされています。2025年に1398万人まで増えて、ここで今世紀最大のピークを迎える。その後、減少に転じて2040年には1346万人になるとされています。

しかし、ここで注意が必要なのは、23区、特に23区のなかでも都心3区と呼ばれる千代田《ちよだ》区、中央区、港《みなと》区は2040年まで人口が増え続けるということです。23区全体が人口のピークを迎えるのは2030年で979万人まで増加していくと試算されています。都心3区の千代田区、中央区、港区はさらにその先、2040年まで人口が伸びると予測されています。

2020年以降の東京はおそらく世界でもっとも人口が密集した地域になっていくでしょう。東京は超都市化し、他の地域は逆に超過疎化への道を進んでいく。そのギャップをどうやって克服して一つの国家として成立させるのかという議論が必要です。

オリンピックが終わった後も人口が増え続けるということは、東京は日本の中でも例外的に人口増加のなかで成熟社会になっていくという、特殊な課題を抱える都市になっていくことを意味します。日本全体でみれば人口減少の問題であるとされるものが、東京では逆に人口過密、人口膨張の問題であるという認識が重要です。

地方の人口減少の中で東京の人口が増えていくのは、どういう意味を持つのでしょうか。日本では、人口が減っていくのは大問題だという認識が広がり、人口減少のネガティブな側面ばかりが語られていく。そういう人たちからみれば、東京の人口が増え続けるというのは喜ばしいことに見えるかもしれません。

しかし、僕はそうは思っていません。

都心の人口増加はあまり意識されていない分、大きな問題だといえます。

人口という切り口から考えると、都心部の人口はもう異常に増えているといっていいでしょう。その結果、東京の人々は自分たちは無関係だと思っていた、郊外の問題に直面することになると予想しています。僕がいま住んでいる都心部には、その兆候がすでに現れています。

一例をあげましょう。小学校問題です。えっ、小学校がなんで問題なの？　と疑問に思う方も少なくないと思います。待機児童問題がホットトピックとなっていますが、子供は大きくなりますから、その先には小学校問題が待っているのです。

保育所不足は、例えばタワーマンションの1階に確保するなどして解消に向かっていく可能性がなくはない。しかし、小学校はどうでしょうか。小学校には校庭と校舎が不可欠です。

校舎は保育所と同じようにタワーマンション的な建造物のなかに取り込むことはできるかもしれませんが、校庭を造るのは難しいですよね。人が増えすぎた都心では小学校の校舎を造るようなスペースを見つけるのは簡単なことではありません。

都心の人口が少なくなり、かつて廃校になった小学校の校舎をどう再利用するのかが話題になりましたが、今度はその逆の課題に取り組まないといけないのです。僕の生活実感としても、周辺の住環境をみていても、都心から小学校が足りなくなる可能性をかなり感じていて、待機児童に加えてシビアな問題になってくると思います。

豊洲《とよす》エリアは、いまでも容積率を上げたことで、タワーマンションが並び建ち、かつての多摩《たま》ニュータウンなどの団地と同じような様相を呈しています。このエリアでオリンピック後も人口が増え続けることは容易に予想できます。

2040年まで人口が増え続けるということは、ベッドタウンで起きていた問題が、そのまま都心で起きることを意味します。多摩ニュータウンの戸建て住宅地では、街に住む人がごっそりいなくなってしまい、せっかく整備したインフラは「ゴーストタウン」になってしまうという現象が起きています。同じことが2030年以降、都心に乱立したタワーマンションで起きる可能性は十分にあります。

発想を整理します。日本は大きく分けて、3つのブロックに分かれ、それぞれに連関しながら別の課題を持つ国になっていくというのが僕の考えです。一つ目が都市部タワマン型、そして都市郊外型、3つ目が地方型です。例えば、人口減少は地方型で顕著になりますが、一方で子育てのためのインフラは充実していて、保育所が足りないという問題も起こりにくい。それとは逆にタワマンが乱立する都市部では人口はしばらく増加し続け、子育て以外にもさまざまなインフラ供給が間に合わなくなる可能性があります。都市郊外は近い将来に人口が頭打ちになります。いまの段階で子育てのインフラが足りていない場所には、どの程度投資すべきか、街の将来像に合わせた議論が必要です。このように人口問題の論じ方は置かれた状況によって異なってきます。

もう一つ根本的な話をします。僕は人口減少に対して、そこまで悲観的ではありません。本来、平等という概念が広がり、インフラが整い、テクノロジーが発達すると、労働人口を減らすほうが難しくなります。人口の増加がピークアウトすると減っていくのは当然の成り行きであり、クリエイティブな作業を機械インフラの上でできるのはラッキーだといっていいでしょう。

地域コミュニティの3分類

	都市タワマン型	都市郊外型	地方型
家族と住環境			
住居	タワーマンション	一戸建てとマンションやアパートが併存	一戸建て中心
家族形態	核家族中心	核家族から拡大家族へ	拡大家族や高齢化した単身または夫婦中心
移動	徒歩と電車中心	電車・バスなど公共機関中心	自家用車中心
交通インフラ	新しい	老朽化が始まっていて改修や再開発が進められている	老朽化が進み改修が足りていない部分も
商業施設	住居周辺	駅周辺と国道沿い周辺	国道沿い周辺
サービスの選択肢	多い	画一化しつつあるところも	限られている
人口動態と社会課題			
人口	増加	減少	減少
子ども	増える	今後減っていく	すでに減っている
保育園	足りていない	足りている	足りている(ニーズ自体があまりない)
小学校	今後足りなくなる懸念がある	余りつつある	統廃合が進み、廃校利活用が進んでいる
高齢者	少ない	増えつつある	すでにピークを迎えているところも
病院	足りている	足りている	足りないところが出てきている

東京と地方の構造の違いを理解するとともに、さらにその細部に目を向けて構造を見ていく必要があると落合陽一は述べる。たとえば東京都とひとくくりにしても、人口が増え続ける23区内（特に都心3区）と23区外のベッドタウン、そして奥多摩町などの地方部では直面する課題が異なる。

少子化それ自体にそれほど悲観的ではない理由を僕は3つに分けて説明してきました。**第1に「テクノロジー導入にネガティブな圧力がかかりにくいこと」、第2に「輸出戦略」、第3に「教育投資」です。**

第1の観点から説明していきましょう。少子化で人口が減っていくということは、将来働ける人が絶対的に減っていくことを意味します。ロボット技術が典型ですが、テクノロジーを発展させて仕事を機械化することは、むしろ「社会正義」であると言えます。逆にテクノロジーを拒絶し、人間の仕事を守れというのは社会状況的にも正当化されにくい。

こうした時代においては、「機械によって人間の仕事を奪うな」といった産業革命期のラッダイト運動のような主張は説得力を持ちません。労働力不足をテクノロジーによって補う。そこに技術が発展していく土壌が生まれる。ここに前向きなのは素晴らしいメリットでしょう。

第2に輸出戦略です。日本が他国よりも速いペースで人口減少・高齢化が進むことは、高齢化社会にいち早く適応し、そのための知見をいちはやく積めることを意味します。世界的に医療が進歩している現代において、特に中国を筆頭に他国もまた高齢化社会に突き進んでいくことでしょう。他国に先駆けて知見を積み上げること、それ自体が最強の輸出産業の土壌になります。

これまで日本の近代化は欧米をお手本にして、そこで生まれた文化を日本に輸入するというタイムマシンモデルでしたが、この先は、日本で生まれたビジネス、日本で積み上げた知見を海外に輸出していく逆タイムマシンモデルが導入できます。

第3に教育投資。特に僕が期待している部分はここです。日本全体、という視点で考えれば今後の日本は人材に教育コストをかけられる国になっていく。子供は少なくなり、貴重なのだから、大事にしようという考えも広がっていくでしょう。リソースを未来を担う子供に投資するという考えにも不満が出にくくなります。しかしもちろん、社会保障がにっちもさっちもいかなくなると未来への投資が少なくなる危険は留意しておく必要があります。

こうした観点を踏まえて、人口増加を喜ばしいボーナスとして受け取っていいのか、と問われたら、僕は必ずしもそうは思わないと答えます。人口増加は近代化の途上、テクノロジーが発達する以前にはボーナスとして受け取ってもよかった。社会保障政策も、税制も、経済も、すべては人口増加を前提に設計されてきたからです。人口増加がボーナスであるというのは、それを前提に設計されてきた制度がうまく回っていくことを意味しています。

しかし、現状の日本はどうでしょう。人口増加を前提とした制度でいくには矛盾だらけといっていい。だからこそ、人口増加を無邪気に喜ぶことはできません。テクノロジーが発展しつつあるいま、人口増加はむしろボーナスだけでなく、それ自体もテクノロジーで乗り越える対象であると思うのです。

人口増加だけがボーナスになるわけではありません。これからの時代にやってくる5Gを筆頭にしたテクノロジーボーナスも有力です。いま日本のモバイル通信はLTEの段階ですが、これが5Gになると通信速度は100倍、容量は1000倍になります。ただでさえLTEが全国的に広まっている日本は、通信で世界最先端になりうる可能性を秘めています。5Gがやってきたら、技術的には僕たちはほぼ自動運転で車に乗り込んだり、あるいはロボティクスによって農業や配送や介護を行うことができるようになるでしょう。

人口減少を乗り越えるどころではない劇的な変化がやってきます。その変化こそが最大のボーナスだと思うのです。

第2章

2021年の日本風景論

第1章の議論から浮かび上がったのは、2021年以降=ポスト平成の日本が直面する構造的な危機だった。このままいくと、日本は超過密都市の東京近郊と過疎化が進む地方に分かれ、乗り越えるべき課題すら共有できないものになり、「日本」という国単位で考える共通基盤が失われるのではないか。これまでの議論は「日本」が、国としての課題解決に立ち向かえなくなる可能性を指し示している。

共通基盤を失いつつある日本社会はどうすればいいのか。東京オリンピックは日本という「想像の共同体」の基盤をもう一度、確かめる機会になるのではないかと猪瀬氏は指摘する。思考の手がかりになるのは、かつて猪瀬氏が発表してきた「日本風景論」を巡る論考だ。風景をたどることは日本近代の自画像を再認識することを意味する。

落合氏は意外なサブカルチャーから日本の近代の「原風景」を考える。それは『ドラえもん』だ。日本の近代はまさに『ドラえもん』に象徴されているという。じつは『ドラえもん』や類似のアニメに登場する風景=〝ドラえもん〟こそがコンセンサスなのだ、と。

近代を超克するために描くべきデザインとは何か?ポスト平成の論点が出揃う。

落合／「現代人の心象風景は〝ドラえもん〟」

日本の近代、特に20世紀後半を象徴している「原風景」はなにか、と考えると『ドラえもん』に行き着きます。都市に住んでいようが、地方に住んでいようが、世代に幅があろうがドラえもんの話をすればわかる。空き地の原っぱに土管があって、子供たちがみんなでそこに集まって、野球なりサッカーをすると言えば、ほとんどの人が想像できる絵面だと思います。でも、よくよく考えてみればこれはおかしな話かもしれない。なぜか。いまの20代〜40代といった人たちが生まれ育った時代に、土管があるような空き地なんて存在していないし、むしろ誰も土地の管理をせずに、子供たちが自由に行き来できる空き地すらろくに見当たりません。都市や郊外にそうしたものが残っていれば、誰かが目ざとく見つけ、新しい土地開発が進んでいるでしょう。それなのに、僕たちは『ドラえもん』の風景をある種の懐かしさとともに共有できる。

それはメディアを通して、『ドラえもん』が日本近代、とりわけ高度経済成長時代に生み出された日本の原風景を描き出してきた証左ではないかと思うのです。

『ドラえもん』的な風景＝〝ドラえもん〟について本題に入る前に、僕が高度経済成長をどう考えているのかについて、3つのポイントから整理しておきたいと思います。

第1に「均一な教育」、第2に「年功序列の給与と住宅ローン」、第3に「マスメディア」です。

第1のポイント、均一な教育とは一人ひとりのニーズというよりも集団行動を優先し、人に言われたことをやるということに特化した教育のことです。僕たちの世代の多くの人が経験してきた、現行の日本の教育システムです。日本では高度経済成長期に大量生産型の工業社会が完成しました。そこでとりわけ重要だったのが教育です。例えば工場での指示をバラバラに解釈したり、規律に従わない労働者がいたりしたら、効率がかなり悪くなってしまい、企業で教育からやらないといけなくなります。

そこで力を発揮したのが、日本の教育システムです。画一的な学校に通い、みんなが均質な教育を受けて、何も言われなくても足並みを揃えて動くことができる。サラリーマンの息子ののび太も、商店主の息子のジャイアンも、お金持ちのスネ夫もみんなが同じ学校に通って、みんなで同じ時間帯に、みんなで同じ教育を受けている。多くの人がのび太をみて「あぁ、こういう子供いるわぁ」と思うのも、みんな均質な教育の経験があるからでしょう。

均質な教育はトヨタや日産の工場で車を造ったり、ソニーやパナソニックの工場でテレビを作ったり、それだけでなく、いわゆるサラリーマンとして会社に勤めたりするということには向いていた教育システムでした。不良品だって少なくなるし、そもそも人生の選択肢がさほど多くないから、買う商品もある程度決まってきます。何歳から働いて、何歳ごろまでに結婚して、何歳くらいまでに子供ができて、何歳のときには家や車を買う。「幸せ」はそこに集約されていたのです。非常に完成されたシステムだったと言っていいでしょう。

次に住宅ローンです。「夢のマイホーム」という言葉に象徴されるように、住宅を買うことが夢であり、一人前とされていました。大きな買い物である住宅を買うこともそこまで難しいことではなかった。その仕組みが住宅ローンです。最初に頭金を支払ったあとに、数十年間にわたって住宅にお金を支払い続けるという仕組みができていて、自動的に家計の所得からローンが差し引かれ、家という大きな買い物ができるようになっていたのです。背景には年功序列による安定した給与体系があります。誰もが夢として住宅を買うことが思い描け、実際に手を出すことができる。経済の仕組みとしてはかなり合理的で、成長のための発明だったと言っていい。

幸せや夢を演出したのが、テレビを筆頭にしたマスメディアでした。発信される情報はかなり画一化、統一化されたものになっていく。白黒テレビの次は、カラーテレビが売れる、洗濯機が売れていく、次は自動車、エアコン……。次々と情報が流され、企業は次の「生活必需品」を見つけて、開発していく。それをメディアが流すことで消費者の購買行動が規定され、それはライフスタイルにまで及んでいく。昭和の時代なら、こうした画一的な戦略は正しかったと言えるでしょう。

さて、ここでもう一度、『ドラえもん』に立ち返ってみましょう。のび太の家をぱっと思い浮かべてみてください。郊外の一戸建て＝マイホームに住み、父親は商社に勤めるサラリーマンで通勤していて、妻は専業主婦をやっていて、一人息子は小学生で変わらない日常が描かれる。のび太はしょっちゅうテレビに出てくるものやスネ夫の家（彼もまたメディアの影響を強く受けている）にあるものに憧《あこが》れ、ドラえもんに道具を出してくれと願う。まさに高度経済成長の本質そのものではないでしょうか？

これは『クレヨンしんちゃん』などにも共通するフレームです。『クレヨンしんちゃん』も郊外に住むサラリーマン世帯。専業主婦の妻が住宅ローンの支払いに追われている姿がギャグとして描かれたり、テレビをみて何かが欲しくなったりする設定がよく描かれる。あれがリアリティある設定として受容されているというのがポイントです。作品を見ている限り、じつは野原《のはら》家は意外と収入が高いんですよね。

ちょっと余談ですが、『ドラえもん』は刊行されている1巻から45巻までの作中において、基本的にのび太は成長しません。起きる問題のほぼすべてを、ドラえもんに頼って解決しています。特徴はこれだけ連載が続いているのに、成長がない主人公ということですよね。日常が持続するという基本的なパターンも〝ドラえもん〞に見出《みいだ》すことができます。

　さて、この設定を抽象化すると、いわゆる商社に勤めている正社員のお父さんがいて、一人っ子の子供がいて、そこにロボットが出てきて、学校に通っていて、学校が嫌だからといって道具を出してもらうというストーリー展開を見出すことができます。あるいは少年か少女が幼稚園とか小学校が嫌になって、家に帰るとサラリーマンのお父さんがいて、サラリーマンのお父さんが給料をもらっていて、給料をもらっているなかでお母さんと話しながら何か新しいものを買ってくれたりというものです。

　映画では何かしら問題に直面して、そこから冒険に飛び出していくという展開です。日本の家族アニメは大抵、このパターンを踏襲しています。これはとてもすごいことで、高度経済成長期に成立したサラリーマン家庭でないとストーリー自体が成り立たないのです。

　僕たちが〝ドラえもん〞にリアリティを感じてしまう、あの見たこともない空き地の風景、土管の風景を原風景だと思って認識しているのは、つまり高度経済成長期の日本、日本近代の完成形をいまだに夢見ているからではないでしょうか？

　これは日本の近代や文化とは何だったのか？　という問いにつながってきます。『君の名は。』を観ていても思いますが、あの映画で再現されている世界観は、やっぱり昭和がつくったインフラの世界観なのです。高校生の彼らの家には、勉強机があって、あの街には電車があって、どこかの地方らしく、たまに駅までは車での送り迎えがある。だから、ふだんは自転車で駅まで通うという描写が効いているわけですね。

大事な点は、僕たちはこうした日本型近代が行き詰まっていることを知っているということです。

クールジャパンといえばアニメで、リオデジャネイロオリンピックでも、東京への引き継ぎパートではキャラクターコンテンツがたくさん登場しました。けれども、僕たちが見せたい日本とは何かという議論は一向に深まっていません。

オリンピックの開会式では、その国の歴史や文化、発展を見せるというのがお決まりのパターンです。ロンドンオリンピックでは、シェイクスピアから始まって、映像コンテンツも盛りだくさんで、最後はイギリスらしいポップカルチャーをすべて盛り込んだ演出がなされました。

日本は何を見せていくのか。日本の近代化の歴史や風景なのか、それとも日本の未来なのか。キャラクターコンテンツ盛りだくさんのジャパンが、私たちがほんとうに発信したい日本なのでしょうか。

この問いはすなわち、近代日本とは何か、近代を乗り越えるとはどういうことなのか、ということに結びつきます。

現代人の心に住まう“ドラえもん”的心象風景

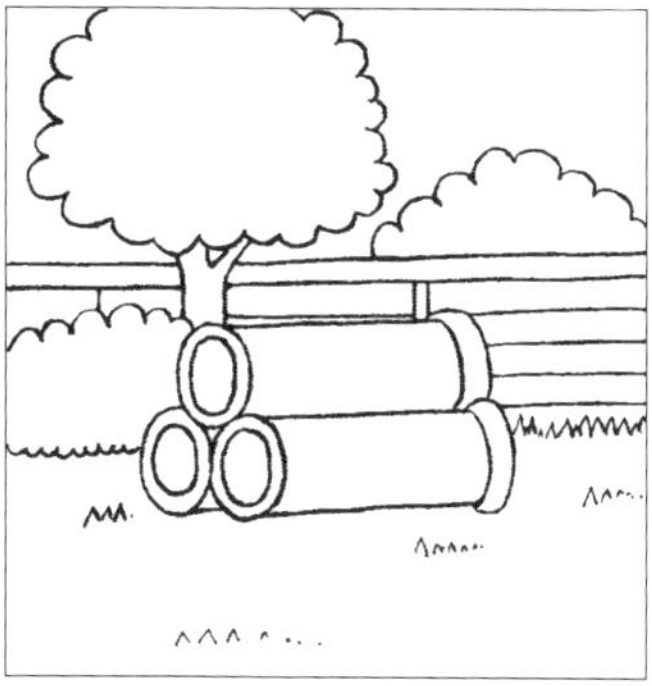

『ドラえもん』や類似の家族アニメに出てくる風景がいまの私たちの心象風景を形づくっているのではないかと落合陽一は問題提起する。
『ドラえもん』では空き地があって土管が放置され、放課後に友だちと遊ぶ。そこでは近所の窓ガラスを割って怒られることがあっても、遊ぶなとは言われない。舞台は東京とされているが、主要登場人物はみんな両親と揃って一軒家に住んでいる。どれも 2018 年においては現実的な風景とは言い難い。
『ドラえもん』の連載開始は 1969 年。1979 年に再度アニメ化された「第 2 作」は 2018 年現在に至るまで 40 年近く続いている。高度経済成長の名残りの風景がある種の理想の風景として、いまなお機能している。

猪瀬／「国民国家になって日本の風景は『創られた』」

落合くんが高度経済成長以降の「日本風景論」に言及してくれました。僕は「風景」というものが日本の近代にとって非常に重要なものだったと論じてきました。これは「日本のシンボル」になっている心象風景とは何かという問題です。心象風景を簡単に言ってしまえば、誰もが経験をしたこともないのにぱっと思い浮かべることができる風景のこと。国をあげて取り組む、ナショナルイベントでは必ずと言っていいくらい日本らしい風景が再現されます。

風景を問うことは日本とは何かを問うことにつながります。先の議論につなげれば、ドラえもん的な空き地にこそ、いまを生きる日本人の原風景があるという話になり、それはテレビというメディアを通じて浸透してきたという点が重要です。

共通の心象風景を作り上げるというのは、欧米とは異なる成り立ちで国民国家になった日本の近代にとってなにより重要でした。

江戸時代の日本は、簡単に言えば連邦国家でした。各藩が小さな国であり、江戸幕府は国連のようなもの。自分たちが「日本」に住んでいる「日本人」だというナショナリズムもなかった。それが黒船がやってきて、根底から揺さぶられる。黒船の軍事力は圧倒的ですから、日本は欧米に滅ぼされないようにしなければいけないと急速に近代化を図ることになります。ほんとうに「国難」がやってきたのです。

黒船来航という国難にどう対峙《たいじ》するのか。明治期の日本人は、欧米近代の圧倒的な軍事力、経済力、技術力をとにかく学び、日本に吸収しなければならないと考えました。明治維新により一君万民、つまり士農工商ではなく天皇の下に全員が平等であるというタテマエをつくり、日の丸ができ、近代国家というシステムを作り上げ、「日本人」という意識を持たせたのです。

NHK大河ドラマの「西郷《せご》どん」で西郷隆盛《さいごうたかもり》が奄美大島《あまみおおしま》に島流しにされた回で、奄美の人たちの言葉に字幕が付き話題になりました。さらに薩摩《さつま》の人たちの言葉がわからない、字幕を付けてくれという声もネット上にあふれています。これは当たり前のことで、日本語という標準語がなかったのです。なんとなくはわかるけど、薩摩、長州《ちょうしゅう》、江戸は違う国で、それぞれの国ごとに違う言葉を話しているという感覚です。

黒船によって、国民国家があるということを知った幕末の志士たちによる明治維新は、「日本」という国、「日本語」という言葉を創るものだったと言っていいでしょう。

「日本」という国をリアルに造り上げるために必要だったのが、風景です。もう少しだけ詳しくいうと「日本らしい風景」を人びとが共通のものとして、思い描くことができるようにすることでした。「山に高く昇る太陽、けだかい松、輝く海」と言えば、多くの日本人、日本列島に住む人たちにとって、ぱっと思い描ける典型的な日本らしい風景です。

山と言えば富士山で、綺麗《きれい》な雪化粧をした富士山に太陽がかかる、松は能舞台にもある立派なもの、海に輝く太陽は例えば銭湯なんかでも描かれているおなじみの風景です。しかし、こんな風景を実際に見た人はほとんどいないのではないでしょうか。お土産物や絵葉書にもあるような、「いかにも」な風景です。

これが、なぜ心象風景として日本のシンボルとして思い浮かべることができるのか。それこそが明治期から近代化の過程で作り上げられていったナショナリズムの力なのです。

明治以前の日本人に「富士山、太陽、松、海」と言ったところで、ほとんどの人はイメージできないか、近くの風景を想像していたはずです。そもそも日本という意識すらないのだから、それぞれの地域やそれぞれの家に近いところにある具体的な山の名前、松林だけでなく広葉樹林の里山、漁場でもあった海辺を思い浮かべた。それぞれバラバラだった風景を、誰もが思い浮かべる心象風景として統一していく過程、それが国民国家の始まりとしての明治時代でした。

明治天皇の「御真影」が、明治期に一君万民の思想のもと、複製技術革命によって配布され、身近な里山の風景ではなく、富士山、太陽、松、海、桜など「日本らしい風景」「日本のシンボル」が共通の記号として流布されます。国旗である日の丸は、きわめて大胆でシンプルなデザインでした。

かつて『ミカドの肖像』などでも触れていますが、近代日本の風景は三島由紀夫《みしまゆきお》の作品のなかに典型的な姿で現れます。『豊饒の海』第2巻「奔馬」の主人公が自決する場面でなにより求められたのは「昇る日輪」「けだかい松」「かがやく海」でした。

主人公が自決する直前にこんな描写があります。

〈「日の出には遠い。それまで待つことはできない。昇る日輪はなく、けだかい松の樹蔭もなく、かがやく海もない」と勲は思つた（中略）正に刀を腹へ突き立てた瞬間、日輪は瞼の裏に赫奕と昇つた〉

日本＝天皇だと考え、天皇につながる風景を大事にした三島が、小説のもっとも大事な場面で、象徴的に「風景」を描いたところです。どうでしょう。どこかイメージの世界を生きているような気がするでしょう。

三島にとっての風景は、日本というイメージですから、即物的な実体ではありません。日本文学を研究してきたドナルド・キーンが、三島と一緒に散歩をして「驚いた」と書いていたのは、あれだけ美しく日本の自然や風景を描いた三島が現実の植物をほとんど知らなかったことです。

ドナルド・キーンの前で、三島が「これはなんの木か？」と庭師に尋ねています。庭師は「松」と答えた。なんと三島は、現実の松を知らなかったのです。僕が考えるに、彼は現実の松になんの興味もなかった。彼にとって大事なのはイメージのなかの「美しい日本」でした。

その「美しい日本」は、じつは写真や印刷による複製技術革命、テクノロジーがもたらしたものです。

「美しい日本」のイメージは唱歌も同じです。日本では、ただ国民の共通言語である「国語」を創っただけでなく、音楽教育もセットにして「日本」を意識した近代的な「国民」の教育を試みました。その象徴が文部省唱歌として学校教育の中で歌われてきたものです。僕の作品『唱歌誕生』で詳しく書いていますが、唱歌も江戸時代の日本にはなかったドレミファソラシドのドレミ音階、つまり西洋の音階を使って、「日本らしい風景」を歌い上げる、まさに近代化の産物なのです。

代表的な唱歌は長野オリンピックの閉会式でも歌われた「故郷」でしょう。「うさぎ追いしかの山　こぶな釣りしかの川」という、あの歌です。僕はこれぞ「風景の歌」の完成と言ってきました。あのメロディーは、キリスト教の賛美歌のメロディーを日本の伝統的なリズムに近づけて作曲されたものでした。これは他国、特にキリスト教圏の人たちが聞けば、賛美歌に近いと思うメロディーなのです。全員で合唱をすることで、特にその意味が強くなる。だからオリンピックの閉会式で流れると世界中の視聴者に共有されたのです。

「夢は今もめぐりて　忘れがたき故郷」と歌い出すと涙を流す人もいる。冷静に考えてみると、全員がうさぎがぴょんぴょんと跳ねていたり、小鮒《こぶな》のようなちっちゃい魚が泳ぐ川で遊んだ記憶があるわけないのです。でも聞くとなにか懐かしい気持ちになり、故郷の風景と結びつき、自分の記憶を呼び覚まして胸が熱くなったりします。文部省唱歌として国定教科書に載る。それをみんなで歌うことで統一的な風景として、伴奏は三味線ではなくピアノで、同じ風景を共有したのです。

「故郷」を通じて、自分の生まれた故郷はもう違っているけれど、あるいは、海辺に育とうが、雪国に育とうが、もっといえば土地ごとによって違うわけだけど、それは一つの日本の原風景として浸透していった。

唱歌は共通の心象風景を作り上げ、僕たちは同じ日本人だというふうに認識できた。風景は近代のメロディーによって再編成されたのです。

現代において、唱歌と同じ役割を果たしたのが〝ドラえもん〟であると言えるのではないでしょうか。国家意識をもたない世代も〝ドラえもん〟の風景を共有している。つまり、北海道の原っぱ、地方の原っぱ、東京の原っぱはまったく違うのに、同じ心象風景として共有されている。

僕は都知事時代、東京オリンピックの招致に注力したときに、もっとも大事にしたのが東京とは何か？　日本とは何か？　それをどう説明するかということでした。日本とは、いったいどのような国で、どのように近代化を果たし、そして現代を迎えたのか。三島由紀夫が欧米の文学に対して、「日本」を拠《よ》り所とする作品で独自性を打ち出そうとしたように、日本独自の近代をＩＯＣの委員たちに訴えました。

日本は戦後になり、歴史意識が突然、蒸発します。敗戦により多くの同胞を失い、原爆を落とされ、なんてバカなことをしたのかと悔いると同時に、それまでの歴史を全否定して忘れようとした。あたかもＰＴＳＤによる記憶喪失症のように。日本の歴史のなかで何が良くて、何が悪かったのか。冷静に振り返ることができなくなっていたのです。

東京オリンピックでは、どのような風景が見せられるのか。「日本の近代」を特定することで、何を「超克」したらよいかを確定して、新しい風景を見つけそれを位置づけ、世界に向けて発信できればよいと思います。それが美意識にもとづくものになれば理想的な発信になります。

「日本人」という意識を創った富士山や松という意匠

日本という統一国家に住んでいるという意識は明治維新以後に
育まれたと猪瀬直樹は指摘する。日本人という「想像の共同体」を
統合する象徴として機能したのが、天皇の御真影や記号化された富士山や松であり、
写真の印刷など複製技術革命によって学校教育や出版文化などの
さまざまなメディアを通じて浸透していった。
そうした「日本」の心象風景と共に「日本人」という意識が育まれた。

落合／「東京オリンピックで見せるべきは『近代の超克』」

〝ドラえもん〟こそ日本の近代の象徴的な風景であり、象徴であるという話をすると、では東京オリンピックで見せるべきは〝ドラえもん〟なのかという疑問を投げかけられます。僕の答えはシンプルで、**〝ドラえもん〟では描かれていないものの中にこそ可能性がある、**です。

そこを掘り下げるために、〝ドラえもん〟には出てこないが、しかし現実の世界でいまの日本を象徴するような風景を探してみましょう。僕は大きく3つの風景があると思っています。

それはコンビニ、ショッピングモール、スマホ・ソフトウェアプラットフォームです。

地方でも都市でも必ずあり、みんながその風景を共有しているもの。

『ドラえもん』は未来からやってくる道具があっても終わらない日常が描かれています。コンビニも日常性を象徴する場所です。ただ日用品や食事を買いにいくのではなく、住民票もとることができて、ガス、電気、水道といったインフラ代金の支払いや、ATMまである。

その地域にとってなくてはならない拠点になっています。日常を過ごす街のあちらこちらに点在し、共通項として思い描くことができる。

しかもグローバルに広がっていて、ポップカルチャーにも象徴的に出てくるのがコンビニの面白いところです。

一例をあげましょう。2000年代前半の音楽シーンにものすごい強烈なインパクトを与えたアメリカのパンクバンドGreen Dayの『American Idiot』というアルバムがあります。彼らの最高傑作とされているのですが、そのなかの一曲に「地球の真ん中、セブン-イレブンの駐車場」という歌詞が出てくるのです。僕はこれを聴いた時に、ものすごく納得してしまいました。自分たちの日常の中心はコンビニにある。遠くアメリカのバンドが歌った風景なのに、この一節が出てくるだけで、あたかも東京に住んでいる自分のものであるかのように共有できてしまいました。コンビニはアメリカ発のスタイルなので当然といえば当然ではあるのですが。

「日常の中心がコンビニ」という感覚は日本のアニメのなかにも見出すことができます。『君の名は。』の新海誠《しんかいまこと》監督のデビュー作に『ほしのこえ』という作品があります。そのなかに「夜中のコンビニの安心する感じ」というセリフが出てきて、初めて見た時、僕はうまい表現をするなあと感心したんですね。深夜のコンビニは客がいなくても人がいて普通に営業していて、店は明るい。ドラえもんは夕方暗くなったら帰るけど、コンビニは暗くはならないし、誰かがいる。あれに妙な安心感を覚えるよね、といえば共感する人は決して少なくないでしょう。

ショッピングモールはもう少し祝祭的な機能を果たしている空間です。コンビニほど日常性はないけど、洋服店から映画館からフードコートからいろんなエンタメ施設が入っている。巨大なアーケード街のようなものです。いまは栃木に行っても、群馬に行っても、茨城に行っても全部イオンモールでできている青春風景だなと思っています。

イオンやイトーヨーカドーが郊外にできると、周辺にシャッター街ができる。かつての賑《にぎ》わいの中心はショッピングモールに移って、そこそこに豊かで楽しい日常が送れる。寂れた地元をみながら、彼らはどこかのショッピングモールに集い、それが思い出の風景として記憶されていく。コミュニティセンターが中に入っている場合もあり、公民館と神社が一体となった機能を果たしているともいえます。

スマホは身近なテクノロジーの象徴です。例えばiPhoneが発売されてからわずか10年ですが、これだけ発展し、普及しました。最初はアーリーアダプターやコアなアップルファンしか関心を持っていなかったテクノロジーが、いまや地方に行っても、お年寄りから中高生まで持っています。つまり、テクノロジーを拒絶することなく受け入れ、しかも幅広い層が使いこなしています。

猪瀬さんは風景を問い直すことは、日本を問い直すことであると語ってくれました。東京オリンピックはポスト平成、最初のビッグイベントです。年号が変わるということは、時代が変わるということ。新しい時代を迎えるために必要なのが、過去を振り返り、その先の時代を構想することが求められます。

東京オリンピックで何を見せるのか？　というのは新しい時代の日本とは何かという話につながってきます。

ただ東京オリンピックで見せるものが、日本の近代化の一つの極致、あるいは完成形とも言えるコンビニやショッピングモールではその先がありません。そして、〝ドラえもん〟的な高度経済成長的な空き地でもないでしょう。メディアアーティストとしていえば、いまのコンビニにアート的な風景は何もありません。僕は開会式のプランニングチームにいる川村《かわむら》元気《げんき》さんとも話していて、やはり、そこがネックになっているなと感じました。

〝ドラえもん〟的原風景があるのだから、それを見せていけばいいのではないか？　となると、キャラクターコンテンツ満載の開会式になる。〝ドラえもん〟的な永遠の近代、終わりなき近代を追い求めるというストーリーを追求すれば、コンビニ的なものを見せることになる。でも、その方向で新しい風景を打ち出すのはきわめて困難です。

“ドラえもん”にない現実の風景

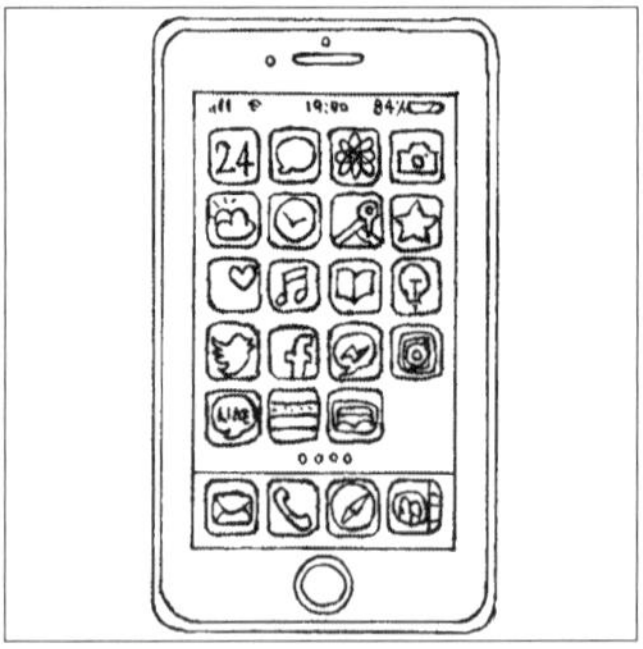

“ドラえもん”的でないものを探すと、「コンビニ」「ショッピングモール」「スマホ」に行き着く。これらはグローバルに展開しているが、たとえば神社とコンビニを接続させる田舎の風景などは日本の独自の心象風景として描くこともできるのではと落合陽一は提起する。

僕はもう一つの選択肢として伝統的なものをテクノロジーに接続させるというものを提示してみたいと思っています。開会式で打ち出されるメインテーマは振り返ってきた日本の歴史の先に連なっている「未来」を描くべきです。日本の近代を振り返り、その行き着く先を見せたところで、ドラえもんかコンビニしかない。それならば、もっとテクノロジーに振ってみてはどうだろうか？　と思うのです。

日本の伝統的な考え方もテクノロジーに接続できます。僕は最近、岡倉天心《おかくらてんしん》を経由して、日本の侘び、寂びという考え方に強い興味を持っています。絢爛《けんらん》だった平安時代の文化に対して、鎌倉時代はとても質素で、その中から禅や侘び、寂びといった文化が発達していきました。絢爛な精神性を保ちつつも、あえて表面に出てこない能面という文化もある。絢爛性を保ちながら、どこかを抑えることに精神性を見出していくというのも日本の文化の一つの形です。

僕は日本の文化の特徴でもある「フラットさ」をテクノロジーと伝統芸能の融合という形で表現するという提案をしてみたいと思います。これまでの歴史を踏まえながら、日本人のテクノロジーに対する親和性をここで表現する。例えば、能とプロジェクションマッピングを融合させて表現する舞台を作り上げる。アートとしてテクノロジーと伝統芸能の親和性は高いと思います。伝統と未来の融合を開会式でみせれば、それは日本の新しいビジョンを象徴するものになるのではないでしょうか？

ヨーロッパであれば、伝統的な文化にテクノロジーを接続させるにはやはり埋めがたい歴史的文脈の乖離《かいり》があり、おそらく実現できないでしょう。ちょっと想像してみてください。例えば西洋のオペラです。オペラとテクノロジーの融合を能と同じような感覚でできるでしょうか？　日本人の僕からしてもかなりの違和感がありますし、おそらく西洋のアーティストで賛同してくれる人は少ないと思うのです。テクノロジーにはテクノロジーの文脈があり、オペラにはオペラの歴史的文脈があり、その接点となる場がないからです。

ところが日本人に「東京オリンピックの開会式で、能の舞台とプロジェクションマッピングを融合させた新しい日本文化を新国立競技場で披露する」といえば、違和感なく受け入れてもらえる気がします。日本の文化が誇る多様性や美的感覚のアップデートを開会式で見せていくのです。

表面的なクールジャパンでは、文化の本質にまでアプローチできません。歴史＝伝統文化と未来＝テクノロジーの融合こそ、ポスト平成、近代の終わりを終わらせ、近代の超克を実現しようとする僕たちが見出していくべき活路ではないか。僕にはそう思えてならないのです。

伝統とテクノロジーの融合

ニコニコ超歌舞伎 2018 では 3D 投影やＡＲ、被写体抽出技術などの
最新技術が使われ、歌舞伎役者の中村獅童と初音ミクが「共演」した。
ニコニコ超会議ではテクノ音楽とプロジェクションマッピングを
法要に取り入れたテクノ法要も行われた。
城や寺社といった伝統的建造物においてもプロジェクションマッピングが
各地で催されており、日本の伝統はテクノロジーに親和性が高いと言える。
これらに東京オリンピックで日本を魅せるヒントがあると落合陽一は言う。

猪瀬／「オリンピック招致で伝えた東京の『聖なる無』」

明治の近代化は、日本の伝統文化を欧米の国民国家の文脈に即して再編成したものでした。弱肉強食の帝国主義の時代でしたから、生存競争を生きるしか選択肢はなかった上での決断でした。

僕は戦後の日本を指して、「ディズニーランドのなかで生きているようなもの」だとつねづね語ってきました。それはこういう意味です。明治維新以降の日本は日清、日露戦争という「国難」を乗り越えて国を造ってきました。安倍晋三《しんぞう》首相が解散の理由に掲げた「国難」とは比べものにならないくらいの国難を実際に突破してきたのが、明治期の日本だったと言えます。国難をいかに乗り切るかを考えていくなかで個人の小さな葛藤《かっとう》も生まれてきたのです。

ところが戦後の日本は防衛、外交などおよそ生存に関わるすべての政策をアメリカに任せ、アメリカ抜きではなにもできないものになったのです。アメリカ任せにする過程で、あるはずの国難は消失し、個人の葛藤も消失していきます。門番にもアメリカ兵。駐車場には米軍がいて守ってくれる。日本人は外の世界で起きていることを忘れ、ただディズニーランドの内側で暮らせばいい。自然災害以外の生存のリアルというものがないのです。

コンビニもその延長にある。まさに画一性の極致です。そもそもセブン-イレブンはアメリカで発明されたもので、背景には画一化されたフォーマットがある。東京にも地方にも、アメリカにも同じように地続きで存在しているということですよね。日本はディズニーランドだから、アメリカ発の画一性を受け入れ、さらにそのなかで自分たちの楽しい日常を謳歌《おうか》しようという方向に突き進もうとしている。

それでいいのだろうか。いまこそ若い人には歴史意識を持ち、未来を語ってほしいと思っていました。ただ過去を振り返るのではなく、歴史と接続させたテクノロジーで未来を構築する。落合くんのビジョンはとても面白い。落合くんの議論を受けて、僕がもう少し膨らませておきたいのは東京とは何か？　というテーマです。僕はかつてオリンピック招致の時に、東京と西洋の都市の違いについて語ったことがあります。

東京の中心には皇居があり、手つかずの自然が残っている。要するに自然を抑え込むのではなく、中心において、その周辺をビジネスやテクノロジーが発展し、渦巻く場所にしたということです。西洋は逆に自然を抑え込むことによって近代化を成し遂げた。ヨーロッパの庭園や都市を丁寧に観察してみると面白いことがわかります。

ヨーロッパの庭園は基本的に左右対称のシンメトリー構造になっている。真ん中に噴水を置いて、左右で造りはまったく同じ。これが西洋風の建築の発想です。近代は人間が作り、自然を制圧することで成し遂げられるものという発想ですね。

ところが日本は違う。東京は皇居という「聖なる無」を象徴する空間を中心に置くことで自然の制圧とは異なる近代化を成し遂げようとした。

東京の中心には無の空間があり、厳かな自然が残っている。逆にその周辺には日々変化を続ける大都市としての顔がある。言い換えれば、伝統とモダンが重なり合うことで東京という都市の魅力ができている。僕が東京とは何かと考える問題意識と、落合くんが指摘してくれたように、伝統芸能とテクノロジーが重なり合うことができる都市なのだという指摘は重なってくると思います。

西欧の近代化とは違う日本の近代化だからこそ、伝統とテクノロジーが折り重なるのだという意識から発展させることも十分にできるのです。この時代に、東京を問い直すことは、ディズニーランド化、コンビニ化だけではない日本を問い直すことにもつながりますよね。

僕は作家として、日本の近代のビジョンは何であったか、示してきたつもりです。東京という都市の本質がいったいどこにあるのか。オリンピックの開会式ではぜひ深掘りして表現してほしいと思っています。

長野オリンピック閉会式に、唱歌「故郷」を取り入れた演出がありました。それにちなんで、一つだけ忘れてほしくないと思っていることがあります。「故郷」は日本の風景を一つにまとめあげるという役割を果たした歌ですが、3番の歌詞に「こころざしを果たしていつの日にか帰らん」という言葉があります。

キーワードになるのは「こころざし」です。僕はこの3番の歌詞がいろんな人の琴線に触れたのだろうと考えています。元号が改められ、平成はまもなく終わります。あらためて強調したいのは、明治の「立身出世」はエゴイズムではなかったということです。

エゴイズムだけでは前に進めず、かといって他人のために生きるというのは偽善的になってしまう。自分のためだけに生きているわけでもない。そんなときどうするか。「こころざし」はそのジレンマを高い次元で乗り越える一つの表現方法だったのです。ただ頑張るのではなく、大きな夢＝こころざしに向かって自分を解き放ち、努力を続けていく。

これが彼らの原動力だったと思います。「こころざし」を軸に考えることで、見えてくるものもある。歴史のなかにある「こころざし」にも目を向けてほしいと思っています。

五輪招致でアピールされた東京の「聖なる無」

なぜ東京の真ん中に「空虚な中心」という緑が残されたのか

日本は、第二次世界大戦で敗戦国となり、東京の中心市街地は、空襲で完全な焼け野原となりました。しかし、日本は、戦後、高度経済成長に邁進《まいしん》し、奇跡的な復興を遂げて東京はさらに発展をつづけました。

にもかかわらず、東京の真ん中には、今でも皇居という城の石垣と濠《ほり》によって守られ、深い森に蔽《おお》われた、誰も侵すことが出来ない無の空間が残されました。東京の玄関口である東京駅丸の内口から皇居の方面をみると、美しいシンメトリーの風景を見ることができます。近代的な2つのビルが、城壁と濃い緑にかしずくといった風情です。先ほど述べた近代の歴史の中での東京の発展にも、戦後の復興にもひくともせず、広大な緑が残されたのです。

ここでもう一度、ロラン・バルト『表徴の帝国』から引用した『ミカドの肖像』のプロローグを思い出してください。

「わたしの語ろうとしている都市(東京)は、次のような貴重な逆説、《いかにもこの都市は中心をもっている。だが、その中心は空虚である》という逆説を示してくれる。禁域であって、しかも同時にどうでもいい場所、緑に蔽われ、お濠によって防禦《ぼうぎょ》されていて、文字通り誰からも見られることのない皇帝の住む御所、そのまわりをこの都市全体がめぐっている。

——ロラン・バルト『表徴の帝国』」

日本は世界有数の経済大国です。不思議な静寂が支配する皇居の周りには、高層ビルが林立して、人々が、そして車が、忙しく動き回り、高度な経済活動が行われています。近代主義的な合理性だけで考えれば、東京の中心に、巨大な無の空間があることは全く理解できないかもしれません。しかし、私たち日本人は、一見秩序がないようにも見える東京の開発の中に、たった一つ無意識のルールを持っていました。近代合理主義のブルドーザーも皇居という聖なる空間を侵すことはできなかったのです。

それはなぜか。ロラン・バルトが、「空虚な中心」と称した皇居は、私たち日本人の心象風景として、近代主義を超えた無限の時間が流れている場所なのです。もちろん、今の日本は、民主主義の政治体制です。しかし、かつて、日本に10年滞在した日米開戦時のアメリカ駐日大使ジョセフ・グルーが、「女王蜂を取り除けば蜂の社会は崩壊する」と予言していたように、日本の天皇制大衆社会は、日本人の心の中では、小さな宇宙（COSMOS）なのです。日本人の宇宙飛行士なら「神の臨在」を感じる前に、たぶん、地球の一隅に小さな黒点（空虚な中心である「皇居」）を心の中に見つけるでしょう。「空虚な中心」は、日本人の心象風景の中では、あらゆる争点を呑み込み「和」に変じてしまうブラックホールであり、その象徴こそが、皇居という名前の「空虚な中心」という場所なのです。

空から東京を見ると、皇居のほかにも、東京の大都会の中に縞《しま》のようにして浮かぶ緑の地帯があります。新宿《しんじゅく》御苑、明治神宮、浜離宮《はまりきゅう》庭園です。これらは、格調高い庭園あるいは神聖な神社なのです。なぜ、これらは開発を免れることができたのでしょうか。その答えは明らかです。その元の所有者が天皇であり、あるいは明治天皇が祀られている場所なのです。日本人にとっては、「空虚な中心」の飛び地なのです。増《ぞう》上寺《じょうじ》、上野寛永寺《うえのかんえいじ》という江戸時代からの寺社地の緑も保全されています。人知を超えた聖性が江戸の緑を守り続けてきたともいえるのです。

聖なる森・皇居という「空虚な中心」、無の空間があるからこそ、東京は一つのまとまりをもっているとも言えます。これによって、モダンを取り入れながらも、人々が心の均衡を保ち、東京は、世界一の治安のいい都市をつくりあげています。無計画でありながらも、無意識の中に、実に整然とした都市を形作ってきたのです。東京とは、まさにモダンと伝統が重なり合った都市なのです。

『東京　比類なき洗練—モダンと伝統が織りなす都市—』
(TOKYO Sophistication in a Class by Itself —Blending Tradition and Modernity —日本語訳）より一部抜粋

落合／「いびつな風景とマスメディアの欲望」

標準的教育とマスメディアの呪縛《じゅばく》からいかにして離れるか。ポスト平成の日本を構想する際にもっとも重要なポイントだと思っています。ビジョンを描くときにもう中流マスメディアに頼らなくてもいいと僕は考えています。東京オリンピックも近代化もそうですが、必要なのは広い視野と大きく問題をとらえることです。明治期の立身出世はエゴイズムではない、と猪瀬さんが指摘してくれた通り、私的な欲望だけにとらわれるとろくなビジョンは描けません。

この章の最後に僕があらためて強調しておきたいこと。それは〝ドラえもん〟的な世界から離れてビジョンを打ち出すためにはマスメディアから離れなければならないということです。より正確に言えば、マスメディアを通じて醸成されている、インストールされている「普通」や「拝金主義」から解放されないといけない。

猪瀬さんは戦後の日本はディズニーランドだと語っています。まさにその通りです。それは自分で選んだ価値観ではなく、マスメディアが作った「普通」を無意識のうちに取り込み、はまり込んだ国の喩《たと》えとしても使えます。

現実のディズニーランドに行くと幸せを感じるという人によく会います。興味深いと思って、理由を聞いてみると大して理由はない。せいぜいディズニーが好きだからというものです。これは信仰に近いものです。好きだから好き、というのは答えたことになっていません。

僕が繰り返し語ってきたように、高度経済成長の時代においては、マスメディアを通じて統一的な価値観が打ち出され、それに合わせてライフコースが決まっていくことでよかった。一つの目安として、何歳までに結婚し、何歳までに家を買ってというのがわかる。あの時代にはそれで良かったのですが、これからの時代においてはプラスどころかマイナスでしかありません。本来、日本文化が持っていた多様性や、イノベーションを阻害する要因になってしまうからです。

僕が特に罪深いと思っているのは、マスメディアを通じて生まれた、トレンディドラマ的な価値観です。こうした価値観が詰まった風景を一つあげましょう。それは東京の二子玉川《ふたこたまがわ》です。いつも憧れの街といわれ、そこに住むことが一つのステータスになるような街だとされていますが、僕がみるとなんだかいびつで、ドラマのセットのような感覚があります。

僕が街づくりでいま関わっている鶯谷《うぐいすだに》のような江戸時代から連綿と続いてきたような歴史を感じさせるわけでもなく、ただただトレンディドラマへの憧れを具現化したような印象を持ってしまうのです。駅前にカフェがあって、家電量販店があって、公園もあって、子供を連れて歩く母親がいて……。こういうと、多くの人がすぐにイメージできるような、自然発生的にはおよそ生じえないシナリオを物理化したような空間になっています。

テレビドラマに出てきたような街に住み、家を買って、子育てをしたいと考える。本来なら、自分が「こうなりたい」「こんな家に住みたい」「こんな環境で子育てをしたい」なんていうのはすべて違っているはずです。

イメージは多様でいいはずなのに、マスメディアを介して広がっていった価値観のなかでしか物事をとらえられなくなっている。結果的に、ものすごくいびつな社会構造がうまれていく。そして、できあがっていくのがトレンディドラマ的な風景です。

これが憧れの街になる理由が僕には理解できません。むしろ、憧れだと刷り込まれているから、憧れるというほうがしっくりきます。僕たちはいつまでこうしたマスメディア的風景のなかで生きていくのでしょうか?

日本人はマスメディアや広告が打ち出した価値観が自分にインストールされていることに無自覚です。消費者は常にコントロールされ、憧れ自体も自分が考え出したものではないという状況に慣れてしまっている。そして、もう少し踏み込むと、マスメディアが植え付ける「普通」という概念にもとらわれすぎなのです。

その最たるものがお金、とりわけ僕が日本的な「拝金主義」と呼んでいるものです。お金を神様のようなものだと思い、なにかにつけ年収や月収といったサラリーマン的な給料の話ばかりになる。お金の話ばかりをして、それ以上の話ができない。僕も大学教員であり、経営者でもあるので、お金の話はします。しかし、お金はツールであって、それ以上でもそれ以下でもありません。

日本ではアートの話をしていてもすぐにお金の話になります。その作品は何億だからすごい、その作品の価値はいまなら何億になる。アートの本質は何億だから、という話ではおよそ語れません。文化というのは人が守り、積み上げてきた、人の知の蓄積そのものです。それをお金でしか語れないなんて、なんて浅はかな人たちなんだと思われてしまいます。

「普通」であることは、研究やイノベーションアートの世界では価値をもっていません。

普通こそを何か至上のものととらえ、そこから外れなければ自分は大丈夫だと思うこと。これ自体が間違いです。普通であることは多くの場合において最適解にはならず、変化にとっての足かせになります。

普通でいればいいという考えから、時代を切り開くアイディアが生まれるのでしょうか？イノベーションは生まれるのでしょうか？　答えはいずれも「NO」で、生まれるわけがないのです。日本人にインストールされてしまっている拝金主義を解きほぐし、あらたな時代に対応するためには文化やアートというものの価値をもう一度考える必要があります。

アートは何億の作品を作っているからすごいのではなく、人類の知の到達点を文化に変換していくから価値が高いとされているのです。時代は平成が終わり、ついに次の時代の幕が上がろうとしています。拝金主義的な価値観だけではついていけなくなってきます。

自覚的に時代が変わり、その最初のビッグイベントに東京オリンピックがある。いまの時代にこそ、自覚的に汗をかいて、歴史を紐解《ひもと》き、文化を学び、美意識を養う必要があります。東京とは、日本とは何かを大きな視点から考え、次の文化を作っていく。そんな時代なのです。

マスメディアが打ち出す価値観に染まるのではなく、歴史を振り返り、自分の立ち位置を見据えることでしか、時代の転換点を乗り切ることはできないと思います。

猪瀬／「ビジョンから新たな風景が生まれる」

僕が東京オリンピックを招致する上で考えたのは、30兆円にのぼるといわれる経済効果以上に、２０２０年という区切りをつくることで、オリンピックを契機に日本の新たなビジョンを構想するきっかけにするということでした。

例えば２０１３年にロンドンを視察しながら退勤後を有意義に過ごすライフスタイルを日本でも活性化させたいという思いから、政府の産業競争の会議で標準時間の前倒しを提案しました。夏のロンドンは夜9時まで明るく、サッカーやテニスに興じている老若男女がたくさんいて、また帰宅してからオシャレをして観劇に行く人たちもいる。会社の帰りに焼き鳥にビールのアフターファイブより文化的だと感じました。

これは経済政策でもありました。円滑に市場が開くようにするために、２時間前倒しすると、ニューヨークの市場が閉じて、すぐに東京の市場が開くようになる。そして東京の市場が終わったら、ロンドンの市場が開くようになります。ニューヨーク、東京、ロンドンと次々に市場が開くようになれば、外資系金融機関のアジア拠点を日本に呼び戻し、東京がよりグローバルに開かれた金融都市になります。チャレンジする価値はあると考えました。

しかし提案はあくまで提案で、そこからエビデンスを出しながら制度を詰めて議論する必要があります。２０１８年において、新国立競技場のエアコン問題などオリンピック運営の根幹にある問題が残念ながら多数山積するなかで、標準時間の前倒し案を中途半端なサマータイム案という形でいまさらぽっと出しで議論するような話でいいのか。まして２０２０年だけ導入するというのでは本末転倒です。

１９６４年の東京オリンピックは「発展途上国のためのオリンピック」でした。僕はオリンピックには２種類あると言ってきた。かつての東京、ソウル、北京《ペキン》が「発展途上国のオリンピック」にあたります。東京は１９６０年代に、韓国は１９８０年代に、中国は１９９０年代に高度経済成長を経験しています。その成果をみせるためのオリンピックです。最近で言えば、リオデジャネイロもこのカテゴリーにはいるでしょう。

僕が実現を目指したのは「成熟した先進国のオリンピック」というモデルです。ロンドンオリンピックに代表されるような、成熟した都市の形を見せ、さらに未来の人類社会を描くということ。このモデルを打ち出すことに第1のポイントがあったのです。

その直前である２０１６年招致を目指した石原都政で打ち出したのは、地球温暖化や気候変動といった地球規模の問題に対するイニシアティブを発揮するオリンピックにしたい、東京から環境技術立国としての日本を発信するオリンピックでした。

２０１６年の招致は実現しませんでしたが、「環境技術立国」というビジョンを打ち出したことに意義があります。２００８年に東京では「環境確保条例改正案」が可決されており、大規模事業所を対象に二酸化炭素排出量の削減を義務付ける罰則や排出量取引制度も盛り込む、先進的な試みでした。二酸化炭素の削減義務化は日本で初めて実現したことだったのです。すでに石原都政では、既得権益のために国政レベルでは不可能だったディーゼル車の排ガス規制を実施していました。日本が環境ビジネスで飛躍するチャンスにもつながると石原さんは考えたのです。

僕は日本近代の特徴の一つは、均質化というビジョンに最適化したデザインを打ち出したことだと思っています。国土の均等な発展、教育、みんなが同じ時間に同じ場所に行って、同じような時間帯に働き、同じように帰っていく。大量生産・大量消費モデルによって生活の基本インフラが整いました。

そこは一度、達成した。そしていま会社も仕事もバラバラになりつつある。そうであれば、本来もっと多様であってもいいじゃないかと思っていました。

現在、湾岸エリアに立ち並ぶタワーマンションをみていると、東京に住む日本人の高層化に対する意識が決定的に変化したなと思う。少し補助線を引いて考えてみましょう。昔、『ミカドの肖像』という本を書いたことがあります。最初のシーンで出てくるのが、「東京海上ビルの忘れられた冒険」という話です。

いまは誰も意識しないで丸の内のビル街を歩いている。けれども、あの風景は東京を考える上でとても重要な意味を持っている。当時、東京海上ビルは30階建ての予定でした。ところが1974年に完成した折には25階建て、当初より30メートル削られ、100メートルに30センチ足りない99・7メートルの高さになった。

なぜか。皇居が覗《のぞ》かれる、表向きの理由はそうだったが丸の内のビル街で牽制《けんせい》し合う空気があって、一番乗りを許さない同調性の圧力が真犯人ではないか。東京海上ビル周辺の土地は三菱地所が所有していて、三菱村と呼ばれていた。三菱村は百尺規制が暗黙で、一尺は30センチ、百尺というのはだいたい30メートル。1階約3メートルで9階建て、それで高さが揃っていた。当時は、丸ビルも新丸ビルも高さ30メートルでした。

皇居を覗き見ることができない、美観を損なわない。そんな理由でビルの高さも「自主規制」で決まっていたんです。東京海上ビルはその自主規制に挑んで100メートル以上のビルを建設しようとした事例だった。結果的に、いろんな妥協の産物で99・7メートルに落ち着いた。百尺から100メートルです。

ところが後に容積率の緩和が進んでいまは丸ビルも新丸ビルも周辺のビルも40階建てで

揃っています。一気に高くなってしまっています。いま見ると、周辺のビルでいちばん背が低いのが東京海上ビルになっている。

風景が様変わりしてしまったのです。僕は「東京海上ビルの冒険」という一項を書いたから、皇居から東京駅へ向かう際にいつも、あれが世間を騒がせた伝説の東京海上ビルなのかと見上げて感慨ひとしおですが、多くの人たちにとっては周りに比べてこのビルだけちょっと低いんだなあ、と思って終わりでしょう。でも何気ない風景のなかに歴史はしまい込まれています。

東京の近代というのは、都心を中心にして鉄道各社が沿線に宅地開発をしていくことで成立してきました。 横へ、横へと広がっていくことが、ある意味で近代化の象徴的なことでもあったと思っています。小田急、西武、東急、京王……。「沿線」という言葉が残っているくらい一つの文化圏を確立してきたといっていい。ところが、いまのトレンドはタワーマンションで、縦へ縦へと延びるようになっている。

70年代までの日本で高層ビルといえば新宿の副都心でした。例えば香港なんかの高層ビル群をみて、やっぱり日本とは違うなあと思って新鮮に感じたくらいでした。

転換の契機としてバブル崩壊で行く先を失った投資マネーが、都心の地価が下落したことをきっかけに再開発へ回ります。容積率の規制緩和も進んで、結果的に高層ビル化するほう

「聖なる無」と周辺

「聖なる無」を残したまま東京は開発されてきた。
1974年に完成した東京海上日動ビルディングは
当初は100メートルを超えるツインタワーの予定だったが
「皇居を見下ろしかねない」といった意見が出るなど
論争を巻き起こし、最終的には99.7メートルで決着した。
現在ではより高いビルが建ち並んでいる。
(写真＝アフロ)

が効率的になっていった。東京の住環境は大きく変わっていて、この風景からなにを見て、どうとらえるかはとても大事なことです。

僕たちはいまの風景を当たり前のものとして受け入れているが、東京の近代は常に風景を変化させながら動いてきた。関東大震災、東京大空襲で二度にわたって廃墟《はいきょ》になり更地化といってもいいところから再起動し、それでも残るものは残り、変化するところは変化を続けてきた。タワーマンションが隆盛を続けるのは、新しい街が縦に延び続けるという観点から、かつて横へ広がったニュータウンに近いと僕は考えています。ただ歩いているだけでなく、ただオリンピックを待つだけでなく、歴史的な視点を持ちながら風景を考えることが大事です。

ところで、僕はタワーマンションとはちょっと違う未来を見据えた住宅政策を東京でやってみたいと考えていました。都営住宅など公営住宅を公設民営でシェアハウスにすることです。これも歴史につながるという観点から考えていた。

落語の江戸の長屋を思い浮かべてほしい。現代に生きていたら孤立して苦しんでしまいそうな「はっつぁん」や「くまさん」が近所につながりながらしっかりと生活を立てている。彼らを支える仕組みとして、町には自分たちで自治をするための町会所という仕組みがあった。例えば家賃が払えない人がいたら、「町会所」が大家さんにその家賃を保証するといったことも行って、豪商や町人たちから自発的献金の形をした実質上の税金を取ったりもした。幕府が、いわば地方交付税交付金として援助したりもする。

つまり長屋の「はっつぁん」「くまさん」から税金を取るんじゃなくて、町会所に幕府が補助金を出してあげて、その寄り合いごとに少し福祉的なことをしていたのです。

例えば公営住宅の入居条件に何らかのインセンティブを与えることでシェアハウス化して、男子寮や女子寮のような固定化とは異なり、高齢者も子育て中のファミリーも、若者も、世代が入り交じり、いろいろな形の共同生活ができるようにする。住宅ごとに町会所的なところもあれば、現代版の長屋ができる。人と人が出会い、みんなで支えていく仕組みがあれば、生活も回っていく。若者同士で出会う機会があれば、結婚、子育てと発展することも期待できる。

シェアハウスが賑わえば、商売も回っていくかもしれない。東京が成功すれば他の自治体も真似するでしょう。住むところから都市をとらえ直せば、２０２１年以降の東京が見えてきます。

横から縦に変化しつつある東京の住環境

上の写真は田園調布駅周辺、下の写真は豊洲駅周辺。
東京は首都圏私鉄の開発により横に拡張を続けてきたが、
現在はタワーマンションに見られる縦の開発が進んでいる。
風景の違いは都市の歴史を探るヒントになると猪瀬直樹は
述べる。
（写真＝アフロ）

第3章

統治構造を変えるポリテックの力

日本の統治構造は戦前と戦後で変わった。日本は天皇主権から、国民主権の国に生まれ変わった――一般に教科書で説かれているストーリーだ。しかし、「日本の近代」を大テーマに掲げて作家活動を続けてきた猪瀬氏は「これは間違いだ」と断言する。

なぜか。日本の統治構造の本質は強固な官僚制にあるからだ。日本の近代化の幕開け、明治期から徐々に形成され、戦前にはすでに完成をしていた日本型の官僚システムでは、国家のエリートが集まり、年次ごとの競争でピラミッド型組織の頂点を目指す。重視されるのは、各省の利益＝省益で国家全体のことではない。これは戦前から変わらず、戦後も引き継がれたと猪瀬氏はみる。

これを解決するために落合氏は「ポリテック」という言葉を提唱する。政治（ポリティクス）とテクノロジーを組み合わせた造語だ。

ポリテックの可能性を落合氏は縦横無尽に語る。介護、経済、そして電力。日本が抱える大きな問題の一つ、原発問題もポリテックで考えることができる。ポリテックは猪瀬氏がときに対峙《たいじ》し、ときに内部まで入り込み思考を深めた官僚制の問題を打破する一手になるのか。「近代の超克」の鍵《かぎ》となる統治構造を議論する。

猪瀬／「日本システムの弊害の縦割り行政」

否定的な意味で日本システムと呼ぶべきものがあります。簡単に言えば、内輪の論理と秘密主義がそれです。

公文書を巡る一連の問題が起こりました。今年（２０１８年）に大きな問題になった財務省の事例を見ていきましょう。ことの発端は、安倍晋三首相が２０１７年2月17日に、森友学園問題で野党から追及を受けて、うっかりなのか、本音なのか「私や妻が関係していれば首相も国会議員も辞める」と答弁したことにあります。

この発言をきっかけにして、財務省理財局長だった佐川宣寿《さがわのぶひさ》氏以下、理財局が組織ぐるみで近畿財務局の政治家との応接録や森友学園との交渉記録のなかで首相夫人の昭恵《あきえ》さんの名前が出てくるところなどを中心に公文書の中身を改ざんしたり、破棄したりした。理由は首相の答弁と記録の整合性をつけるためとしか考えられない。安倍首相が言うことにあわせて、公文書の記録を書き換えたわけですが、歴史といういわば客観性を否定する行為です。

公文書といえば、加計《かけ》学園の獣医学部新設問題でも大きな出来事がありました。首相秘書官を務めた、経産省の柳瀬唯夫《やなせただお》氏は愛媛県が文書に記録していた「本件は、首相案件」という記載を巡って、最初は「自分の記憶の限りでは、愛媛県や今治《いまばり》市の方にお会いしたことはありません」と否定を続け、国会に招致されました。国会での彼の説明を聞いていてもさっぱりわからない。かなり無理筋な説明をしていました。

愛媛県の文書に自分の発言がメモとして残っているのに、「記憶の限りでは……」とシラを切ろうとした。結局、何もないときは「記憶にない」でごまかせた柳瀬氏も、文書が出てきてから自身が在職中に加計学園の関係者と3回も面会したことを認めざるを得なかった。

獣医学部新設を狙う加計学園の関係者と首相秘書官が3回も会っていたのはきわめて重要な事実ですが、これですら文書がなければ出てこなかったのです。僕も都知事をやっていたからわかりますが、都道府県の職員はかなり熱心にメモをとっていますし、そのメモを記録として残しています。文書というのは、公文書だけでなくメモであっても役に立つものです。

この騒動を通じて、改めて文書の役割が取り沙汰されています。自分の経験を述べます。僕が東京都副知事だった2007年～2008年にかけて、東京都心にある参議院の清水谷《しみずだに》議員宿舎を建て替えるという話が浮上しました。東京都の風致地区条例に指定されたエリアに森林を伐採してまで高層の豪華宿舎を建てる必要はないと思いました。そこで交渉記録の資料を探すと、担当部局で職員のメモ書きが見つかりました。鉛筆書きの乱れた字で「高さ

30メートルから40メートル?」「10階建て?」とあります。

ところが、後日、参院側が出してきた正式な書類では高さ56メートル、16階建てになっていた。これはよくある官僚の手口です。職員にはわざと低い数字を示しておく。そして、後から正式な書類を見せて、そのまま通そうという魂胆です。説明が違うだろ、と参院事務局にメモを見せると、「メモは後からでも作れる」なんておかしな反論で開き直ったのです。

都職員の信用に関わる問題だから、こちらも引くことはできない。その屁理屈《へりくつ》に対し、もう一度、言ってみろと凄《すご》んで、計画を白紙に戻しました。文書というファクトがなければ国はそのままの計画で押し通そうとしたでしょう。何をするにも証拠とファクトは重要です。

公文書の大きな役割は、歴史の検証です。文書を残しておくのはなんのためか。役人の保身や、政権のためではない。後世の歴史のためです。重大な意思決定は常に歴史から検証されなければならない。失敗にしても、成功にしても、歴史から学ぶのです。したがってアメリカでは公文書には公開期限が決まっていて、一定の時間を過ぎれば公開されるようになっている。そこに改ざんがあったとしたら、公文書の信頼をゆるがす大問題になります。歴史を検証するのは、よりよい未来のためです。成功に学び、失敗からは教訓を導きだし、未来の政策に活用する。これは近代で確立されたシステムです。

近代の大原則は公の確立です。いわゆる内輪の論理ではなく検証できるシステムです。そ

日本国の省庁（2018年現在）

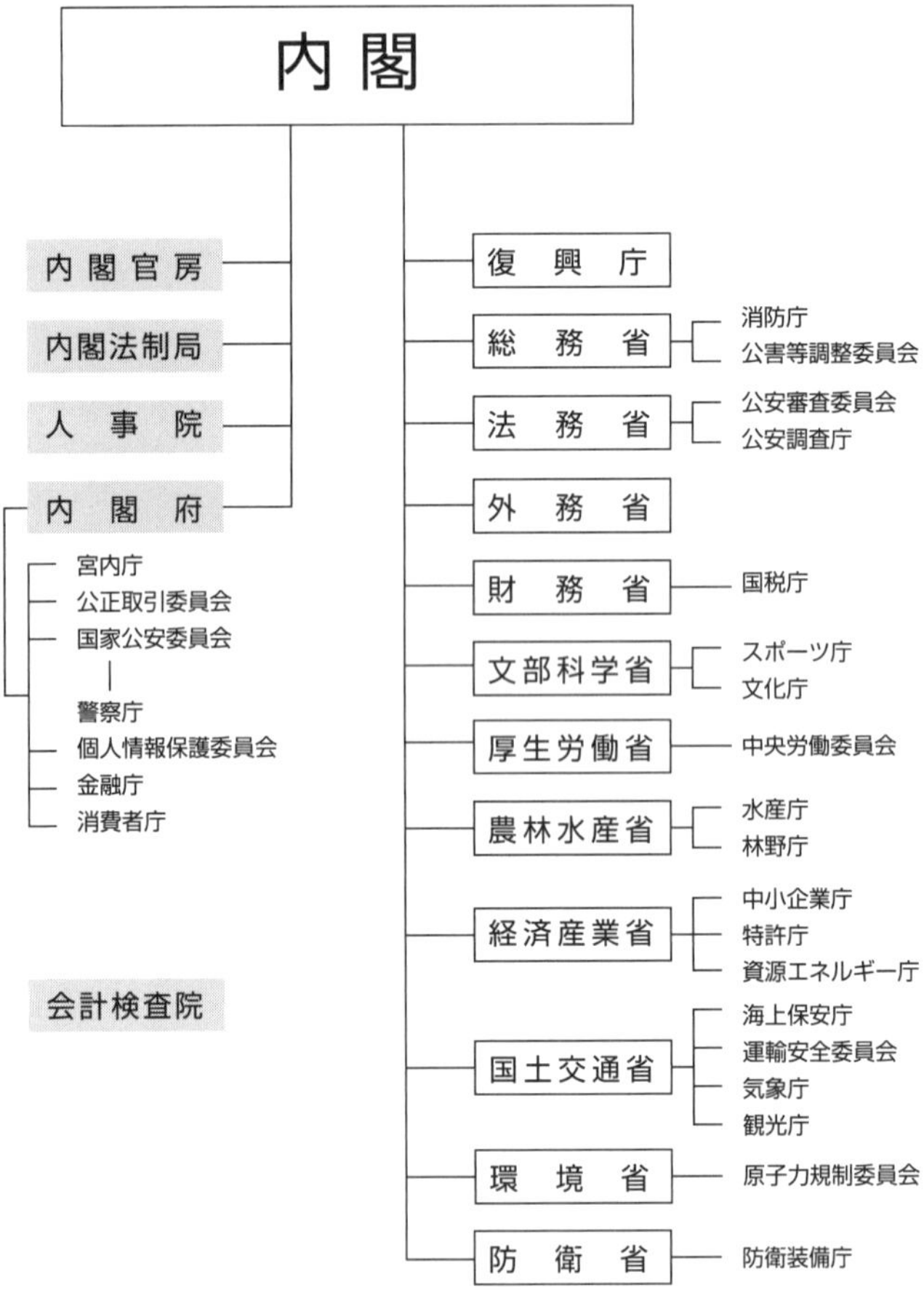

のために「公務員」と呼ばれるのです。残念ながら日本の官僚は歴史の検証に応《こた》えるという意識がない、それが白日の下に晒《さら》されてしまいました。平気で改ざんに手を染めるし、メモがなければ嘘をつこうとする。これは近代と言えません。

僕は霞が関を相手に改革をしたり、都知事になってからも随分と国を相手に交渉をしていたので、彼らの性格はよくわかります。

官僚組織でもっとも重要なのは入省年次です。だからこそ、日本の歴史上、もっともうまく官僚を操った田中角栄《たなかかくえい》は入省年次と名前を覚え、実際に初対面の官僚に「君は、何年入省だね」と言ったといいます。

名前だけでなく入省年次も、がポイントです。それで官僚の人心掌握をしたところに田中角栄が抱いた違和感と、そこからの逆転の発想があったわけです。

民間なら年齢よりも例えばイノベーションであり、アイディアであり、行動力であり、結果といった入社年次とは関係ない評価軸もありますが、官僚の世界では入省年次による出世競争をいかに勝ち抜くかがもっとも重要視されます。ピラミッド型の競争になっているから、当然、上にいけばいくほど椅子は減る。

経団連系の伝統的企業にも似た所はありますが、これは中国共産党の組織構造ともとてもよく似ています。中国の場合も各地域に共産党があって、そこでの競争の果てに、中央がある。日本の場合は、官僚組織がそれぞれ12の領域を担っている共産党の連合政権であると思ったほうがいい。彼らの思考回路ではまず省益を守ることが優先し、あとはお互いがお互いの領域さえ侵食しなければいいというものです。大きな構造のなかでどうなっているかなんて知らなくていい。

僕は道路公団改革につながる『日本国の研究』を執筆していたときにこのことを痛感しました。非常に優秀なキャリア官僚たちと対話をしていると、彼らはその部署のことや自分が担当してきたことはよく知っている。この国のなかで誰よりも知っているでしょう。しかし、全体のなかであなたの仕事はどこに位置づけられているのだ、どういう役割を果たしているのかと問うと残念ながら言葉に詰まるのです。

僕が「全体をつかんでいなければ、あなたの仕事がどのような意味を持つのかわからないでしょう」と質問をしていくと、自分がなんでも知っていると思っている官僚は次第に知らないことが多いということがわかってくる。僕は省益とは無関係な疑問をぶつけていく。生活は縦割りではないから。けれど役人は自分の職分でしか答えない。しかし、こちらは「他ではこうだった」と質問を続けることができます。

公文書の問題が重要なのは、日本という国においてこれが「普通」のこととして機能していることです。官僚はその場で隠すだけでなく、歴史に対しても隠そうとする。行政の深くに点在している資料を引き出すためには、官僚に、自分はわかっていないと思わせ、さらに「この資料と、この資料があるはずだから出してくれ」と情報開示を迫ることもあります。彼らにはうまく質問をして、うまく開示を迫らないと「聞かれなかったから」という理由で隠そうとするのです。

学校では戦前は天皇主権で、戦後は国民主権だと教える。しかし実際は、戦前も戦後も官僚主権というのが、日本の近代の特徴なのです。僕は断絶よりも連続性のほうが大きいと見ていますし、そうでないとこの国のもっとも深い部分が見えてこない。

共産党国家と日本の違いは、共産党国家のように圧倒的な権力を持ったトップがいないということでしょう。日本は専制君主がいないただの官僚機構の連合体なので、とにかく官僚が圧倒的な情報量をもって、それをうまく隠しながらコントロールすることで国ができてきた。彼らからみれば、大臣や政治家はちょっとの間やってきてその椅子に座っている人にすぎない。

落合くんも述べていましたが、いま日本という国が抱えている大きな問題は、どこの省庁が担当するのかわからない、複数の省庁にまたがる問題がぽっかり放置されていることです。

課題を解決するために、互いの省益がぶつかるところもあったとしても、誰かが調整しないといけない。それが政治のリーダーシップであり、縦割りを克服する仕組みが求められています。そうしないと延々と省益を主張しあうだけで問題が温存されて終わっていくのです。具体的な問題の解決のために省庁を超えてアイディアを出し合うということを官僚に期待することはできません。

後ほどあらためて触れますが、僕が日米開戦までの意思決定についてまとめた『昭和16年夏の敗戦』で活用したのは、すべて役人たちの非公式なメモでした。公文書にする前に記されたメモが歴史の検証に役立ったのです。広義の公文書です。

メディアも個別の問題は追いかけるが、彼らも各省庁の取材はやっていても、全体の構造を描き出すような取材はしていない。そもそも新聞であっても政治部と社会部に溝があります。省庁の隙間にある問題は延々と放置されてしまうまま、これをなにで解決できるのか。いまこそ統治構造、監視システムにイノベーションを起こす時なのです。

国立公文書館に残された総力戦研究所の資料

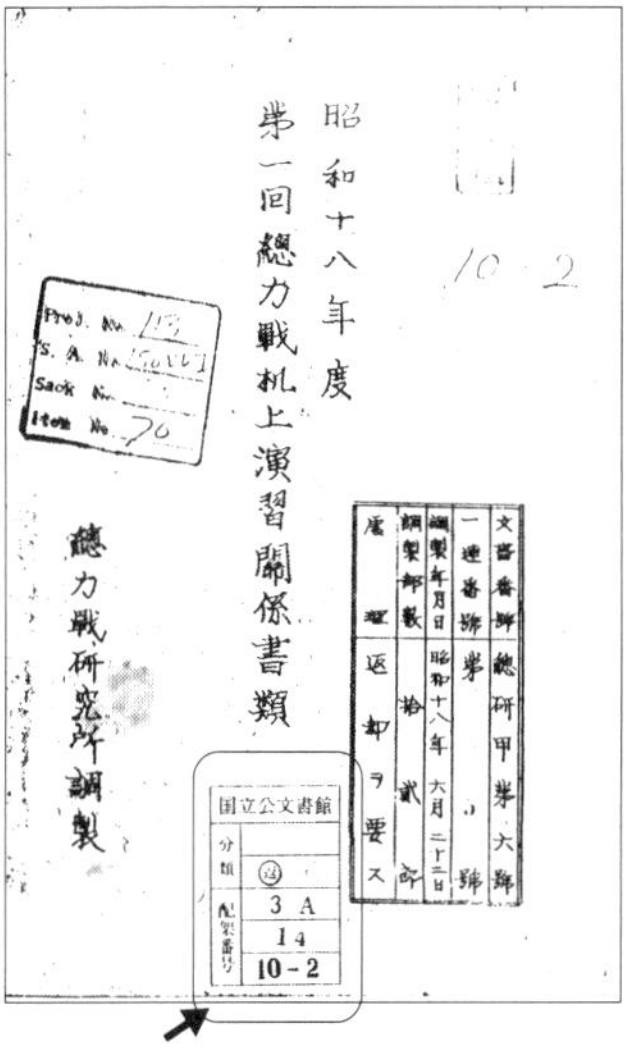

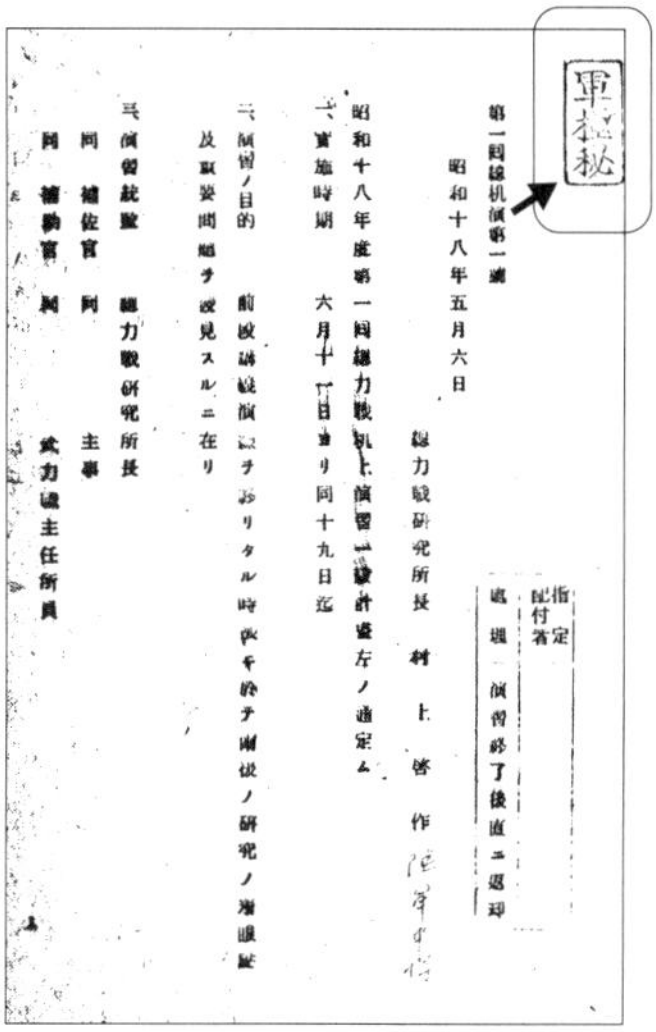

1940（昭和 15）年に設立され、1945 年まで存在した首相直轄の
研究所である「総力戦研究所」。その存在を知った猪瀬直樹は
国立公文書館によって当時の資料を集め、その後存命者への
直接取材や関連資料を検証しながら事実関係を浮かび上がらせ
『昭和 16 年夏の敗戦』を執筆した。
写真は実際に執筆に使った公文書の写しで、
昭和 18 年度の演習関係の書類。
表紙には国立公文書館のハンコが押されている。
また中の資料には「軍極秘」のハンコも見える。
公文書により歴史の検証を行うことができた事例。

落合／「ポリテックで日本政治を変えよう」

僕は日本の統治構造を「デッドロック」と表現してきました。これはコンピュータ用語ですが、要するに解決すべき問題があるのに、省庁同士で動けるようになるのを待っていて、結果として何も進まないということを喩《たと》えて呼んでいるのです。

猪瀬さんが指摘したように12省庁が強い縦割りで動いています。だからこそ、それを打ち破るためにも、これまでにない政治の概念が必要なのだと思いを強くしています。

こうした新しい概念として、最近、僕は自民党の小泉進次郎さんとともに、政治と技術を融合した「ポリテック」という言葉を広めようとしています。きっかけは一緒にラーメンを食べながら議論していた小泉さんから「落合くん、これから政治の世界でテクノロジーの観点はほんとうに大事になっていくと思う。だからポリティクス（politics）とテクノロジー(technology)を掛け合わせた『ポリテック』(POLITECH)という言葉を考えたのだけれど、どう思う?」と聞かれたことでした。「それすごくいいじゃないですか」と即答しました。

その頃ちょうどニコニコ超会議のトークショーのオファーをいただいていたので、そこでも小泉さんと夏野《なつの》剛《たけし》さんとともにポリテックという言葉やその意義を語り合いました。小泉さんは「政治家は、必ずテクノロジーのインパクトを理解していかなくてはいけない時代に入った」と語っていましたが、僕も強く同意しています。

政治の課題をテクノロジーで解決する。テクノロジーの課題を政治的に解決する。そして政治とテクノロジーがそれぞれ変わっていく。これが「ポリテック」の意味です。

これからの政治家に必要なのは、まずの「政治の課題をテクノロジーで解決する」という視点です。例えば介護の分野では、人間の力をつかって解決していこう、多くのヒューマンリソースを割こうという発想が現在まで中核にあります。あるいは、制度を整備することでなんとかしていこうという発想でした。

けれども僕が進めているように、テクノロジーの力で人間の身体を拡張することで解決するという提案もできるはずです。第1章でも触れましたが、5Gが普及することで遠隔医療にイノベーションをもたらすことが予想されます。そうすると、僻地医療において医者を増やす、病院を増やすといった政治的解決だけでなく、最新の設備導入といった技術的解決も視野に入れることができます。

政治家全員がテクノロジーに詳しくならないといけない、と僕は思っているわけではありません。けれども多くの政治家が「もしかしたらテクノロジーが役立つかもしれない」という発想を持てるようになれば、社会課題に対し技術者を集めて前向きな検討がなされるようになるでしょう。そうした議論の場から解決策が生まれるのではないかと期待できます。

「テクノロジーの課題を政治的に解決する」ということも大事になります。日本では技術的にはできるけどやれない、という話が至るところに転がっています。

技術的にできるということがわかり始めた段階で様々な実証実験が可能な状態にするべきだと僕は思っています。問題があるとわかっているなら、解決のために行動し、結果を出す。技術の社会実装は行動と結果がすべてなのに、やらない理由をまず考える。そうではなくて、これからの社会をより豊かにするために技術をどんどん使えるようにしていくのが政治の役割ではないでしょうか。そのためにも「ポリテックを進めていきましょう」というテーゼは非常に大事になります。

こうしたテクノロジーに親和的な発想が広がれば「政治とテクノロジーがそれぞれ変わっていく」ことにつながります。

すごく小さなことで言えば、政治の会合でのペーパーレス化を実現するというものもありますよね。小泉進次郎さんはある勉強会ではフェイスブックのグループに資料をＰＤＦデータで上げて、当日プリントを配らないので各々タブレット端末にダウンロードしてきてくださいい、といった取り組みをしているそうです。小さな一歩ではありますが、こういったことすら嫌がる議員も現状では少なくないといいます。

選挙区の区割りも例として挙げることができます。これまでは人間の頭の中で、小選挙区の区割りをどうしようとか、比例代表をどうしようなどと制度の公平性を考えてきました。そうなると結局は政治家の論理が付け入るスキがでてきます。また選挙のたびにかかる巨額の費用も問題視され続けています。これにポリテックが入るとどうなるか。まず区割りはテクノロジーで解決できますよね。それから地方で投票所をつくると多大なコストがかかるような場所であれば、「ではそこはインターネットでやりましょう」といった形で対応できます。

もちろん投票だけでなく、納税や通貨など、既存のあらゆる仕組みをテクノロジーで効率化できる可能性を秘めています。特にそれらへの活用が期待できるものとして、ブロックチェーンには大きな可能性を感じています。

これからは全国一律で、同じ仕組みで、同じサービスを維持するのはきわめて難しい時代になります。例えばインフラにコストをかけられるところばかりではありません。インフラにコストをかけられなかったり、かけてもかえって効率的でなくなってしまったりする場所、そこでいかにインフラ依存しない仕組みを作り上げるかという観点が様々なサービスに問われるようになります。

だからこそテクノロジーの視点から効率化の問題について知見を出す人が求められます。

例えばテクノロジーに関する情報を統括するポストがあって、政策の意思決定の過程の中に組み込まれ、必ず一つの観点として入ってくるという環境はつくれないでしょうか。政党なら政党内で、この政策分野であれば、いま進展しているテクノロジーがあるから、これくらいのコストとスピード感で導入できるといったことを提案できる人がいる状況をつくるのです。テクノロジーについてのアドバイザーをもっと積極的に登用し、政策の意思決定の中に組み込んでいけば、スムーズな連携ができるはずです。

そうした環境が整えばテクノロジー側からの提案も積極的に生まれていくでしょう。これまでは政治の側が「技術的にはできるけど、でも……」と足踏みしてしまう場面が多くあったと聞きます。そもそも技術者のほうは普段政治との接点がない人がほとんどです。せっかく社会に役立てると思って提案しても、政治側の消極的な態度にやる気そのものが削がれていたといいます。

これから日本がテクノロジーを活用した先進的なアプローチで課題を解決しようとしていることを世界に示すことができれば、海外から新しい知見が集まってくる可能性もありますし、実際に解決すれば世界に対してこれ以上ないアピールになります。

落合／「ポリテックという言葉の流行が社会の意識を変える」

ポリテックという言葉の真意は、最初はなかなか理解されないと思います。流行するなかでバズワード化していっても、それでいいと考えています。何回か実例が登場して実体が伴えば、言葉はきっと地に足がついてくるはずです。なぜならば、僕も含めて、テクノロジーで政治に対する困っている問題を解決しようと思っている人や、テクノロジーの適用を政治で進めようとしている人はたくさんいるからです。そもそもテクノロジーで問題を解決していこうというのは、グローバルでは当たり前の発想になってきています。

テクノロジーを利用して解決すべき論点はたくさんありますし、検討の結果テクノロジーより政治的解決に重点を置いたほうがいいと判断される課題も出てくるでしょう。「ポリテック」というキーワードでそれらを統合することで、賛成や反対といった意見表明ができるようになります。私たちはポリテックに賛成だ、いや反対だといった具合に議論も進んでいきます。言葉があることで議論が進むこと自体が、僕はとても意味があることだと思っています。

こうした言葉の広がりによって、世代間の意識のギャップを埋めることも僕は目指しています。例えば現在のテレビは誰もがわかるようにということを基準にした番組がほとんどです。そのため小難しいイメージがあるテクノロジーの話は、「おじいちゃんおばあちゃんにもわかるように」という理屈で簡略化されたり避けられたりする傾向があります。

そうではなく、積極的にテクノロジーの可能性を語り、「ポリテックって何だ?」とおじいちゃんおばあちゃんが聞いてくれる環境を僕は作ろうとしています。「若いおまえらがなんか難しそうなことを熱く語っていることはわかった」ということでも十分で「では、自分たちはどうしたらいい」まで考えてくれると大成功です。言葉が広がれば、そんな変化が生まれる可能性があります。

小泉さんとのトークイベントでも話題になりましたが、フィンテック（FINTECH）という言葉の使われ方がいい事例になると思います。どの金融機関でもある程度の役職の方々と話していると、みんなの口からフィンテックという言葉が出てくるといいます。フィンテックの意味を正確に理解しないまま、とりあえずフィンテックという言葉を使っているといって、このことをバカにする人もいるかもしれません。銀行で重役のくせにフィンテックをきちんと理解していないのかとか、フィンテックのことをたいしてわかっていないくせに口にしていいのかとか。でも、僕からするとその考え方こそ間違っています。

フィンテックの可能性を最初からすべての人がわかるわけがないのです。テクノロジーに対する理解は少しずつ浸透していくものです。

ＡＩも同じです。たとえば２０１８年８月に放送された「朝まで生テレビ！」はＡＩ特集で、僕も出演していたのですが、そこで衝撃だったのは、朝生を見ている人たちには、いまだにＡＩというとターミネーターを思い浮かべる人が少なくないということでした。僕らが一生懸命ディープラーニングの仕組みや車の自動運転の実証実験の話をしていたのにもかかわらず「ターミネーターみたいなＡＩが生まれるかもしれないので怖い」という感想があったのです。けれどもそうであっても、ＡＩに興味を持ってもらえた時点で一歩踏み出してもらえています。

ここで大事なのは、フィンテックやＡＩという言葉があって、それによってどうやらすごいことが起きるらしいくらいに知ってもらえれば、そこから概念が流通し、理解が広がっていくということです。

ポリテックも同じです。このポリテックという言葉が広がってくれることが、この世界の中にテクノロジーを落とし込んでいく第一歩になります。

テクノロジーの活用というと、すぐに学校の黒板を電子黒板にしました、学校の教科書を電子教科書にしました、ポリテックを推進するために、たとえば２０３０年度までに全国の小学校で、すべて導入を完了いたします、これで教育のＩＴ化は完成です――といった提案が出てくることが容易に想像できます。パソコンさえ配備すればＩＴ教育をやったというのと同じ発想です。これは容易に懸念される事態です。

そもそも僕はテクノロジーを「使う」という言葉自体が正しくないと言ってきました。テクノロジーを使うのではなく、テクノロジーと「親和する」ことが大事だと考えています。

具体的な事例から考えてみましょう。いま視力が少し悪い程度の「近視」というのは「障害」だと捉えられていません。視力機能、視覚の低下という人間にとっての大問題でありながら、そこまで深刻には考えられていないのです。それはなぜか。メガネやコンタクトレンズというテクノロジーが進展し、それをつければ視力を補うことができるからです。

僕は「デジタルネイチャー」という概念を使って次の社会を考えています。この言葉は〝自然〟をより上位から俯瞰する、計算機によって生み出された〝超自然〟を意味します。要するに、これまで〝自然〟と考えられていたものを更新する考え方のことです。

ＣＧと実物の区別や、ＡＩと人間の区別がつかなくなり、人間と機械が融合していくような未来がやってくるでしょう。例えばメガネをかけて視力を回復したように、手が不自由ならより精緻に動かせる義手を使えばいい。いま障害と呼ばれているものは、介助者が必要な方や高齢者も含めて「身体のダイバーシティーが高い人」という表現に変わっていくでしょう。身体に障害があるなら、それをテクノロジーで補えばいいという社会がやってきます。そうなると、いままで「人間の自然な身体」を基準に障害と呼んでいたものは障害ではなくなります。人間と機械の融合によって、〝自然〟というもののイメージが更新されていくのです。僕がいう親和というのは、そういう未来のことです。

これからの教育に求められるのは、そういった未来を生きる上で必要となる「テクノロジーとの親和」という感覚を育むことです。タブレットを配る、電子黒板を使うといった小さなことではありません。

さまざまな人が抱えている問題をどう解決していくかを考えるのが政治です。その政治に対して、テクノロジーが今できること、今やっていることをちゃんと組み込んでいくことが重要なのです。

ポリテックで社会課題を問いなおす

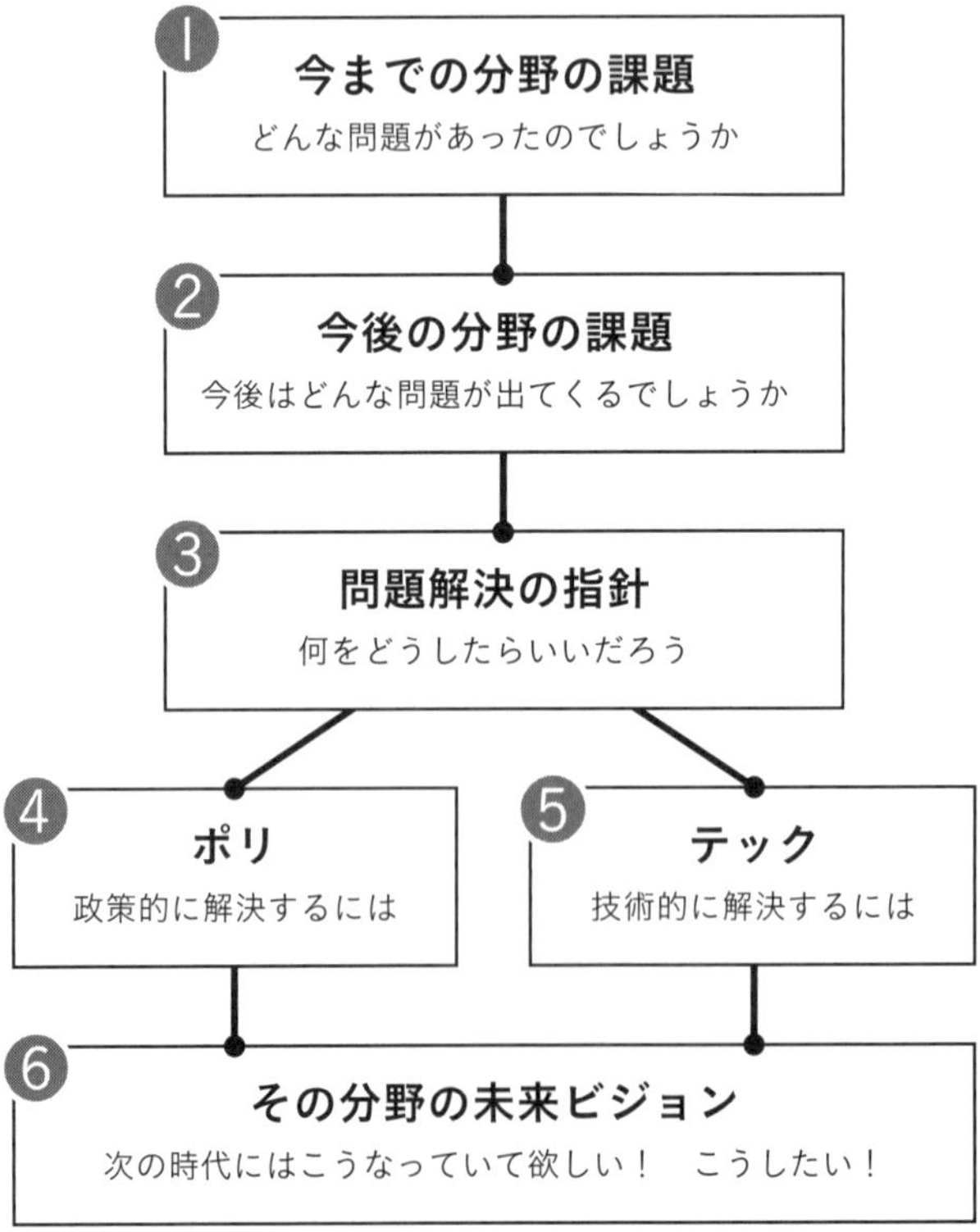

ポリテックには政治がテクノロジーで変わる、テクノロジーで政治が変わる、政治とテクノロジーがそれぞれ変わっていくという３つの含意があると落合陽一は言う。
上記は落合が作成した社会課題解決にポリテックというフレームワークを導入した図（「平成最後の夏期講習」にて配布）。

猪瀬／「目的を忘れたルールに縛られるな。30代への期待」

落合くんが語るポリテックというアイディアは面白い。霞が関や永田町《ながたちょう》がそのインパクトを理解し、きちんと反映させていけるかどうかは別問題になるにしても、霞が関の堅牢《けんろう》な官僚文化に揺さぶりをかけることはできると思います。

僕が『日本国の研究』を書いた90年代は、ちょうどインターネットが一般の人にも広く普及し、インパクトを持ち始めた時代でした。僕は公益法人改革について、情報公開を徹底させるべく、その情報をインターネットで公開せよと呼びかけていた。まず一元化されたデータベースを作り、活動内容と業務報告を全部載せる。インターネット上で企業会計原則に則《のっと》った財務諸表などをすべて掲載させて、実態を正しく把握することをうながす。これが構造改革にあたるのだと説いたのです。

これもインターネットというテクノロジーの発展がなければできない提言だったと思います。そこで重要だったのがルールを作るという考え方です。日本社会ではルールを自分たちで作っていくより、所与のものとして与えられるという発想が強い。時代に合わせて変えていこうという発想も乏しい。

僕が東京都副知事だったころ、笑ってしまうような出来事がありました。茨城県の副知事から相談を受けたのです。彼は上野駅のコンコースで茨城の納豆フェアをやろうとしたが東京都の役人が待ったをかけた、おかしな話だから何とかしてほしいと言います。どういうことか。東京都の保健所の職員が言うには、納豆は駅のコンコースでは売ってはならない、生ものである納豆は水道の設置された場所でしか売ってはいけない、東京都の条例にそう書いてある、の一点張り。保健所の職員が見張りに来て、一向に話が進まないと茨城県副知事は訴えるのです。

担当部局を呼び説明を求めると、確かにそう書いてある。40年前につくられた条例だから、いまみたいに納豆をパックで売るのではなく、麦わらにつめて売っていたから、衛生管理上の目的でそうなったようです。過去につくった規制、昨日の世界が未来を縛っている典型的な事例です。

時代が変わったのだから条例を改正すればよいのだが、納豆フェアはいままさに始まろうとしているので議会に諮っている時間がない。そこで僕が提案したのは、コンコースの真ん中に〝島〟をつくり茨城名産の品々を並べるのは計画通りにやればよい。問題の納豆は、そのコンコースの名産品の島の周囲を、幾人もの茨城県職員が「納豆、納豆」と大声を出しながら駅弁のように首から下げてグルグル回って売れば何の問題もないではないか。駅弁は生ものなのにそうやって売ってきたのだから。すると東京都の職員はようやく引き下がった。もちろん、条例はその後、すぐに改正を検討させています。

一事が万事、その調子でルールというのは目的を達成するためにあるのに、勝手に一人歩きしてしまう。僕は笑ってしまうような事例と言いましたが、こうした一見すると気を利かせれば運用で解決できるような小さな問題と同じ構造で、大きな問題が起きているのがこの国の現実です。

ポリテックを達成しようと言っても、昔のルールにがんじがらめにされた連中が出てきて、あれはできない、これはできないと偉そうなことをいうのは目に見えています。あるいは省益がぶつかり合ったとき、提言したところで官僚がサボタージュすることもあるでしょう。粘り強く、目的は何か、ときに解釈を変えることで乗り切る必要があるのです。

落合くんが小泉進次郎さんと一緒に取り組んでいこうという話を聞いて、思い出すのは『昭和16年夏の敗戦』という本を書いたときのことです。日米開戦のわずか数ヵ月前、当時30代の官僚や、軍人、ビジネスマンら三十数人が密《ひそ》かに集められて、総力戦研究所で模擬内閣をつくって、開戦のシミュレーションを行いました。

大蔵省（現財務省）や商工省（現経済産業省）などのキャリア官僚、いまの共同通信にあたる同盟通信の記者、日本銀行、日本郵船、海軍、陸軍の若手といった面々です。霞が関の将来の事務次官候補や、企業の経営者候補なども含まれていました。まさに日本版ベスト&ブライテスト（最良にしてもっとも聡明）とも言うべきメンバーが、「模擬内閣」の総理大臣、日銀総裁、陸軍大臣、海軍大臣といった肩書きを割り振られたのです。

彼らは、それぞれ自分の役所や会社から資料を持ち寄って、「アメリカと戦争したらどうなるか」というシミュレーションを徹底的にやりました。最後にソ連が参戦し日本が負けるという結果になった。つまり、日本必敗という結論だった。そして、実際の戦争も原爆の投下以外はすべて彼らのシミュレーション通りになったのです。

彼らの議論やシミュレーションは非常に真摯《しんし》で、日本はアメリカには敵《かな》わないという結論を正確に導いていました。この結論はついに公開されることはありませんでした。あの戦争はやってみなければわからないというものではなく、日本人自身の手によって、無謀な戦争であるということはわかっていたのです。

もっとも、開戦時の首相東條英機《とうじょうひでき》（当時は陸軍大臣）は「戦争は意外なことが起きる。だから机上の空論ではないんだ」と突っぱねたといいますが。

その後、どうなったか。現実の内閣と軍人がアメリカと開戦するのか否か、勝つ見込みがあるのかないのか。大本営政府連絡会議で延々と議論を繰り返し、ついに昭和16年（1941

年）12月8日の開戦に向かう。

彼らの議論はいわば結論の出ない会議でした。なんとなく話し合ったけど、特に結論は出てこない。でも、なんとなく合意があるような気がする……。それと似たようなものです。東條内閣は軍部と政府が別々なので、大本営と政府の連絡会議という合同会議を開いて、トータルで国家の意思決定をすることにしていました。しかし、その会議の議論で出てきた数字が少しずつ違ってくると、結論も違ってくる。議論をしながら時間切れになってくるのです。おまけに陸軍と海軍は仲が悪く、最後まで縦割りでお互いにそれぞれの石油備蓄量の情報を出し合わない。戦争という国家の一大事であっても、彼らが大事にしたのは言ってみれば省益でした。目的よりも省益の論理を優先する姿勢を崩さなかったのです。

彼らは戦後、開戦の責任がどこにあるのか問われても誰も答えることができなかった。この戦争の問題は、決断が間違ったことにあるのではない。あの戦争は、決めて始まったのではなく、不決断で始まった戦争であるということなのです。

30代の模擬内閣と50代、60代の実際の内閣、官僚機構を従えた内閣の見通しの差はどこにあったのか。情報というものへの感度の違いはもちろんだが、組織的なしがらみによって結論が曇らないことにあったとしか思えない。こんな簡単なことを……と思うかもしれません。だが、実際に組織のしがらみを離れて考えるということは、内輪の論理に染まれば染まるほど難しくなってしまう。

小泉進次郎さんのお父さん、小泉純一郎《じゅんいちろう》元総理とは道路公団改革などでたくさん仕事をしましたが、小泉さんはお友達や自民党の中のしがらみとことん無縁の人でした。決断はどんなことがあっても自分の責任で引き受けた。ブレーンの提言は尊重したが、最後は自分で決めるという姿勢はぶれることがなかったのです。

田中角栄さんと違う方法で、自分で責任を引き受けるというリーダーシップ、最後は決断するという意志をもって官僚を抑えつけたといえるでしょう。

進次郎さんと以前、話したときに「僕には父における竹中平蔵《たけなかへいぞう》さん（経済学者、小泉政権のブレーンとして支える）や猪瀬先生のような存在がまだいない」と語っていたことがあります。30代のしがらみが少ない時期に、目的に合わないおかしなルールを改正し、提言を重ねて、結果を積み上げていく。良いブレーンとともに、新しい日本を作り上げていくことを大いに期待したいと思います。

30代が大事だというのは政治の世界だけの話ではなく、ビジネスの世界でも同じことです。変えようと思えば、自分から提言をするということ。しがらみに屈することなく、提言を続けること。組織の内輪の論理を疑うこと。これが周りとの差を生むことにつながります。

常識にとらわれなかった総力戦研究所の所員

「勝つわけないだろ」

志村は開戦反対論者として、研究生の間では初めから特別視されていた。入所以来、「つまらん」とか「くだらん」とかいつも呟いていた。志村は筋金入りの開戦反対論者で、赴任したばかりの堀場一雄（陸軍中佐）と怒鳴り合いをしたこともあった。

堀場が「大和魂こそアメリカにはないものでわが国最大の資源だ」と講義したとき、志村は「異議あり」と席を立ち反論したのである。

「日本には大和魂があるが、アメリカにもヤンキー魂があります。一方だけ算定して他方を無視するのはまちがいです」

「だまれッ」

堀場中佐は聞こうとしない。志村は講義のあと、職員室まで堀場を追いかけてゆく。

「堀場所員。さきほどの件ですが、もう少し続きを話しにまいりました」

堀場は横を向いたままで応じない。なおも食い下がる志村に、堀場はいった。

「貴様と話をする必要はないッ」

開戦反対の意志が固い志村研究生の存在は他の研究生らには大きな刺激であり、驚きだった。彼の「勝つわけないだろ」というひと言にはご託宣のような響きがあった。「軍人があゝいうのだから」という意外さが、かえって信用していいのかもしれないな、という気持ちを起こさせていた。志村は海軍大学校を首席で卒業し、その卒業論文は「総力戦」だったことも皆知っていた。


（猪瀬直樹『昭和16年夏の敗戦』より引用）

落合／「ポリテックから考える電力」

省益のぶつかり合いや政治の決断というところで僕が最近、考えている問題の一つが原発問題です。僕はインフラ問題について、コストをかけられるところはかけて、コストがかけられないところは別の仕組みを考えるべきであると言ってきました。

全国を回ってみて思うことですが、僕からみると、東電、関電といった形で全国各地、地域ごとに大きな電力会社があり、彼らが配電網・送電網を管理するという形式はすでに時代にあっていない、というより非常にコストがかかるシステムになっています。電気は蓄電の技術がまだまだ発展しておらず溜《た》められない。だからうまいデザインで配電しようという発想そのものがなかったと思うのです。

東電や関電は配電網・送電網を維持して、人口の少ない地域にも製造した電気を送っています。ところが人口とコストが見合っていない地域が多く、配電網・送電網の維持自体が異様に高いコストになっています。人口が少ない地域を切り離すのか？　という声も多いと思いますが、僕はそこでこそポリテック、つまりテクノロジーで問題を解決すべきだと考えています。まず、配電網・送電網のコスト計算はＡＩなどを使って合理的な算出基準を出す。こうした分野は人間が計算するよりも、ＡＩなどを活用したほうがはるかにいいでしょう。

そして、大事なのは新しい手法の導入です。北海道の稚内《わっかない》市は日本でも有数の風力発電の産地ですが、現状そこで製造した電気を、送電網を使って、他の場所にも電気を送っています。ところが、これだと送電網の維持に異様にコストがかかってしまうでしょう。

例えば、稚内が電気を地産地消でまかなって、どの地域にも送らないという選択をするのはどうでしょうか。電力は十分足りる。同じような地域はたくさんあります。どこかに送るという前提ではなく、定期的な維持コストがかかる送電線を切り離してしまい、自分たちの地域の電力は自分たちでまかなうと考えたほうが結果的に安上がりになります。クリーンエネルギーでまかなえるという地域はクリーンエネルギーでできると宣言してしまえばいいのです。

僕がこういう話をすると「クリーンエネルギーでまかなえるのは一部の自治体だけではないか。多くの自治体は財政難で苦しんでいて、それどころではないのだ。切り捨てはよくない」といった批判がきます。そこで提案したいのが、第1章でも話したブロックチェーン技術です。仮想通貨の分野ではＩＣＯ（イニシャル・コイン・オファリング）という上場方法があり、証券会社の介在がなくても資金調達の目的やプロジェクトの計画を明記した「ホワイトペーパー」を出せば、自由度の高い上場ができます。これは企業だけの話ではありません。個人であっても、プロジェクトであっても、上場できます。地方自治体だって上場できるのです。僕は各自治体がＩＣＯでトークンを発行しあっていけばいいと書いてきましたが、これはエネルギー政策でもあてはまります。

つまり、「大手の電力に頼らずに私たちの自治体は太陽光発電を進めたい」「風力でまかないたい」といってＩＣＯを活用して投資を募り、いまある技術やこれからの技術開発にあてればいいのです。「電力が足りないから、原発を再稼働させないといけない」という論理に違和感を抱いている人も多いのですから、そういった方たちから投資を募るのは立派な選択肢ではないでしょうか。セキュリティの強化とスマートメーター化とを同時に進めることは大きな意味があるでしょう。

電力会社が作った電気を消費するのではなく、自分たちの資産を活用し、電力を作る。足りない部分は投資を呼びかける。人口が少ない街なら、その分、まかなう電力も少なくてすむということになります。大規模にまかなうことを前提にした、いまの送電網システム、電力会社のシステムとは別の論理で技術開発ができます。

電力自由化により、今後は新しい仕組みがどんどん開発されていくでしょう。自治体が新しいテクノロジーを活用した電力開発に参入することもできます。

この先のイノベーションで、僕が期待しているのは蓄電技術です。電気は現状では基本的に溜めることができません。風力発電はともかくとして、太陽光発電の難関は夜をどうまかなうかという点にあります。蓄電技術が開発されれば、各家庭で蓄電して、夜中は昼間溜めた電気でまかなうということが可能になります。

僕は原発に関しては国に返納するのが有力な選択肢だと考えています。原発は国策で造ることが決まり、民間企業に管理が渡って、それが事故を起こして、その処理に伴うコストが民間企業のバランスシートや損益計算書に記載されているというのが現状ですが、僕には違和感しかありません。福島第1原発事故のことを考えても、一民間企業で管理するというのはコストとリスクが高すぎます。僕が提言する原発返納のメリットは2つあります。

一つはコストが高すぎる原発部門を切り離すことで、東電はおかしな財政状況を脱して、また一電力会社として別の技術開発や新たな電力開発に注力することができること。

もう一つのメリットは国が原発を持っているということは、民意で決めることができるということです。原発は「再稼働」するという前提で、電力会社は負債ではなく「資産」であると計上されています。原発が各電力会社の資産でなかったとすれば、それを加味した電力のバッファを持つようになるでしょう。もしかしたら2018年9月に起きた北海道胆振東部地震に伴う大規模停電は防げたかもしれません。

原発を国に返納することで、国策国営になる。そうすると「民間企業の経営に国民は口を出せない」ということではなくなり、「国策国営なのだから自分たちに決めさせろ」と主張することができます。つまり国民が自分たちで判断できるようになります。いまある原発をどうするか。電力会社も「もうあとは民意で決めてください」ということができます。

原発は一民間企業が扱える範囲をとうに超えてしまっていると僕は考えています。なんといっても一度事故を起こしたあとのリスクが高いし、コストも高い。もちろん、技術的には重要なものがあるのは事実ですが、できる限りローリスクで、コストがかからず、かつベネフィットが高いイノベーションが望まれているのは間違いないでしょう。

しかし、だからといって「即時、廃炉にして東電を潰せばいい」というのも単純に間違っていると思います。東電を潰したとして、いま残っている他の発電所の管理や、送電網の見直しといった業務は誰がやるのでしょうか？　こんなことまで国でやるのは、いくらなんでもいきすぎです。民間企業がやるべきことに国が関与する必要はないのです。東電が潰れてしまったら、困るのは東京電力の電気を使っている国民です。だからこそ、彼らにとって負担の重すぎる原発を国が管理すべきである、と考えています。

東電もほんとうのところで言えば、配電網や送電網の維持で無駄があることには気づいていて、コストの問題があるからすぐにでもやめたいと考えているはずです。しかし、猪瀬さんが話してくれた「不決断」が続いて、誰も責任がとれないからやめたいと言えない。原発も手放したいけど、手放したいと言えないという状況ではないでしょうか。それならば国が率先して、原発担当大臣というポストを作って返納せよと呼びかける。自主的に返納してもらい、あとは民意で決めるというフレームをつくるべきだと思います。

そうすると、廃炉もリーダーシップをもって進めることができる。廃炉もまたテクノロジー活用、つまりポリテックやイノベーションが望まれる分野です。現状は、事故を起こした原発の内部がどうなっているか、燃料デブリがどこにあるか、あったところでどう取り出したらいいのかというところからわかっていない。僕も取り組んでいますが超音波ホログラフィーというテクノロジーを活用するとか、いくつか方法もあります。

福島第1原発事故もまた課題の先取りといえる問題です。ここで有力な技術開発が進めば、その技術は一気に世界に向けて輸出できるものになります。実際各国から廃炉の視察が相次いでいます。日本から世界に向けて最先端のテクノロジー活用で廃炉というプロジェクトを達成したと発信すれば、次に廃炉を目指す国にとっても大きな贈り物になります。

電力はポリテックの活用がもっとも望まれる分野だと思いますし、これから知恵を集めるのに必要な事業だと思うのです。

落合陽一による電力問題への「ポリテック思考」

1　今までの分野の課題	
原発	事故に伴うとてつもないコスト、長期化する廃炉
配電	地方自治体への維持コスト高騰
2　今後の分野の課題	
原発	電力会社の負債増大に伴う投資の阻害
配電	コスト高騰
3　問題解決の指針	
原発 配電 ともに	電力会社・地方自治体・国で責任を持つべき範囲を明確化する
4　政策的解決	
原発	国有化と民意による原発運営
配電	地方自治体が自らの範囲で自給自足
5　技術的解決	
原発	超音波を用いた廃炉政策の安全性向上、 クリーンエネルギーの生産性向上などの発電イノベーション
配電	地方自治体単位での小規模発電、 そのためのトークンエコノミーなどによる投資の募集
6　その分野の未来ビジョン	
原発	国民の意思に基づく形での運営
配電	適材適所に最適化された電力

猪瀬／「数値とデータで霞が関文学と対峙せよ」

僕はあの東日本大震災のあと、東京電力の株主でもある東京都の代表として株主総会に出席したり、東京都と東電経営改革本部との定期会合を開いたりして、原発事故後の東電とシビアなやりとりをしてきました。東電というのは日本の古い組織を代表するような企業であり、その企業統治の姿勢に大きな問題を感じたことを覚えています。

東京都は東電の主要株主として、大きな電力消費地の代表として東電に言うべきことを言うという姿勢でやってきました。特に強調したのが、改革というのは口先でやるのではなく、経営状況にあわせて具体的な数を示し正社員の削減などリストラ案を示すべきだと主張したのです。

東電の言葉は古い日本の組織の言葉であり、独特の言葉遣いやレトリックがちりばめられた官僚の文体＝霞が関文学と通じるものがあると思いました。ポリテックという発想で新たな提案をしても、最後は官僚の作る言葉と対峙する必要がある。

ここで僕なりに霞が関文学の読み解き方、対決の仕方を述べておこうと思います。僕が実際に関わった地方分権改革推進委員会（2007年～2010年）での出来事です。僕は地方にある国の出先機関の職員数の削減目標「3万5000人」を入れることにこだわっていました。国家公務員を削減して地方公務員に切り替え、それにかかる予算も地方自治体に譲渡するというもので、具体的にはハローワークを厚生労働省管轄から都道府県へ移管させるなどの案です。官僚の抵抗が起きることが目に見えている。だから土壇場で、委員長合意のもと、さりげなく勧告に入れ込もうとしたのです。

しかし、官僚はここでもあきらめない。3万5000人の削減数値目標を入れた勧告は「第4節」でした。これを無効化するにはどうしたらいいか。ここからが霞が関文学の腕の見せ所です。彼らは文言の微妙な修正作業を担当しています。委員が「ここは直してほしい」とか「てにをは」がおかしいといった指摘を直して、勧告を取りまとめる仕事ですね。委員が指摘した「てにをは」の修正作業を終えると、たった2行、誰も言っていない言葉が挿入されていました。なんと彼らは土壇場の1時間の修正作業でさらりとやってのけたのです。

その2行とは「以上を踏まえ、政府に対して具体的な措置を求める事項は、5及び6のとおりである」。

これだけ聞いても、一般の人はなにが問題なのかさっぱりわからないと思います。ここが巧妙なところで、削減目標が具体的に入っているのは「第4節」なのです。そのあとに、この1文が挿入されると、「具体的に政府にやってほしい」と委員会が勧告しているのは第5節と第6節だけになってしまうのです。数値目標を堂々と入れられるのは官僚にとって致命的なことです。

数値目標は言葉でごまかしがきかず、やったかやっていないかしかない。しかも、3万5000人規模の人と財源を地方に移すことになる、という官僚としてはポストと金を減らされる絶対にやりたくない改革案だった。だから2行を挿入することで、抵抗したのです。

僕が気づいたときには製本まで回されていましたが、勧告文の最後に別紙を一枚つけて「第4節までを第5節及び第6節と切り分けることなく、一体として踏まえた上で、政府は今年度内に作成する工程表をはじめとして、具体化に向けた措置を進めていく必要がある」としました。修正を無効化させる1文を入れたわけです。

結局、3万5000人の削減案は民主党政権でつぶれてしまいました。

福島第1原発事故後の東電と政府の情報公開はやはりきわめて不十分だったと言わざるを得ない。情報公開が不十分だったこと、説明が足りなかったことで疑心暗鬼を招くのは当然のことです。電力の議論をするときに、彼らの主張や出してくる数字がほんとうに正しいのか、常にチェックしておく、そういうプロフェッショナルな目が必要です。

政府の文書を検証するということに関連し、もう一つ大事なことを述べます。一般的に憲法21条は「言論・出版の自由」を定めている、と解説されることが多い。僕はこの翻訳は趣旨を正しく理解していないとずっと言ってきました。英語の原文をみれば、「言論の自由」は「フリーダム・オブ・スピーチ」で、「出版の自由」は「フリーダム・オブ・プレス」の翻訳でした。憲法作成の際に21条を担当したアルフレッド・ハッシー中佐は以下の覚書を残しています。

「言論及びプレスの自由は、これを保障する。この自由は、公務員、公の機関もしくは公の行為を批判する権利が含まれる」

本来は納税者が行政情報へアクセスする自由であり、取材や報道など情報開示の権利を謳《うた》ったものなのです。だから「出版の自由」とは誤訳のようなもので、当時の官僚が解釈を狭めるためにあえて意図した霞が関文学だと思っています。

行政情報へアクセスする自由について、メディアがもっと考えるべきであると何度となく主張してきました。ポリテックというアイディアが、情報公開とりわけ行政情報へのアクセス権の拡大という方向に使われるといい。それによって長く日本の近代で重要な位置を占めてきた霞が関文学の解体に向かい、新しい世代の言葉が政治に反映される時代になっていくはずです。

「出版の自由」という訳

猪瀬直樹は1990年代に自身が原作を務め、報道の在り方を問うた『ラストニュース』（画・弘兼憲史、小学館）のなかで、憲法21条の「出版の自由」という訳出の問題について言及している（5巻収録）。情報公開法が施行されたのは2001年だった。

第4章

構想力は歴史意識から生まれる

与えられた課題を解決するだけで十分だった時代は終わり、自ら課題を見つける力こそが重要になる——。両氏がこの本を通じて説いてきたことだ。歴史とは、課題を見つけ出す力を養うためにこそ学ぶべきものだ。

猪瀬氏は「プランナー」という考え方を提唱する。一部の人だけがプランを独占し、考える時代は終わった。すべての人がプランナーとなる資格を持っている、と。

落合氏はこれまでの論点をさらに深めて、これからの時代を生きる「デジタルヒューマン」にとって日進月歩のテクノロジーとともに社会を変革していく力とは何かを考える。それは「リスクを取る力」に象徴されるという。

近代の超克のさらに先、今後、日本が生きていく道はどこにあるのか。ビジョンを持った人材を語り合う。

落合／「ビジョンを描くにはまず歴史を知ること」

次の時代を考える上で、重要なのは大別すると3つです。**第1にこの本で繰り返し語ってきたように歴史や統計データを知ること。第2に論理的な日本語力を身につけること。第3に時代に適合した文理問わない教養を身につけることです。**

第1の論点は歴史や構造、つまり現在がどのようにできているかを知ることです。

僕が「未来」についてのビジョンを語れるのも、メディアアートならメディアアートの、テクノロジーならテクノロジーの、歴史を知っているからです。これまで何が語られてきて、昔はどうなっていて、いまはどのあたりの研究が進んでいて、社会の統計をながめて何が語られているかを自分で知っている。だからこそ、こんな未来がやってくると予測できる。

僕がこの本で歴史を意識することが重要だというのもここに理由があります。2021年以降の日本を考えようと思ったら、それ以前の日本の歴史を学び、その本質をつかんでいくしかないのです。ビジョンを生み出すためには、まず歴史から学ぶしかない。ある時代にチャレンジしていて失敗したことでも、この時代なら成功するかもしれない。こうして仮説を考えながら歴史を学ぶことで、次の時代に生かせるものが作れるのです。

次に言葉を磨く大切さについてです。英語や外国語の教育はいつの時代も、どの年代からも注目されるものです。英語のスピーチができるようになりたいなら、流暢《りゅうちょう》なほうがいいに決まっています。LとRの発音の区別だって小さい時から英語を学んでいたほうが身につくのは間違いない。けれども話せたからといって、単にコミュニケーションがとれるという以上の意味はありません。

僕は、そんなつまらないことより論理的に言葉を使えることが重要だと考えています。なぜか。第一に語るに足る人材であることが一番重要だからです。そして、外在的要因としては今後は自動翻訳技術が飛躍的に進歩するからです。機械学習の進歩は間違いなく自動翻訳技術に反映されます。いま語学にコンプレックスを感じている人であっても、日常生活では間違いなく、ビジネスの世界でもそれなりのレベルで劣等感を感じる必要なくコミュニケーションがとれるレベルの技術になるはずです。

自動翻訳の精度は日進月歩で上がっています。機械学習用のデータセット、アルゴリズム、ハードウェアの盛り上がりもあって、自動翻訳技術は成長の真っただ中です。どのくらい進歩しているのかと言えば、僕が学部生の頃、あと100年といわれていたような技術が、なんとすでに実用化され、使われているということです。100年といわれたものが10年弱でここまで進化を遂げている。これは言語の差別化より中身が重要になる兆候です。

将来的には、多少不完全な文であっても統計手法が翻訳を完成させてくれるという時代がやってくるでしょう。書き言葉でも、言葉の意味を定義して、論理的に5W1Hを使いながらしっかりと書くので、よく書けている論文であれば、概《おおむ》ね機械翻訳で十分というレベルで完成するようになるでしょう。

これが何を意味しているかというと、論理的に語れて、論理的に文章が書ければ問題がない時代がやってくるということです。機械翻訳は誤訳が多いと語る人たちがいますが、それは機械翻訳の問題というよりその人の日本語力の問題であることも多いです。元の文章の主語が抜けていたり、過度に文脈に依存する意味が曖昧《あいまい》な言葉が使われていたり、そもそも文章の構造が間違っていたりすることが多い。適切に日本語を操る能力がなければ、テクノロジーの恩恵を受けることができなくなっていることを意味しています。

僕の指導教員だった暦本純一先生の言葉に「言語化は最高の思考ツール」というものがあります。考えていることを論理的に語る力があれば、あとは自動翻訳がサポートしてくれる。今後、どのような未来が待っているのか。ハリウッド版『攻殻機動隊』に映し出されたやりとりが未来を先取りしているように思えます。

この映画で北野《きたの》武《たけし》さんはかなりセリフが多いにもかかわらず、英語ではなくすべて日本語で演じました。周りは英語でしたが、彼だけ日本語で話しているのにみんなが理解しているというシチュエーションで進んでいくのです。音声言語は統一されていないのに、みんながコミュニケーションが可能であり、多様であっていいというのはじつに未来的な映画です。

つまり、自分たちは普通に日本語を話しているのに、機械が翻訳し、全体に共通言語があるかのように見えるということです。僕は一貫してテクノロジーの進歩は多様性を肯定すると話してきました。いままでは世界に出て行こうと思えば、英語の習得というのは不可欠なことでしたが、よくよく考えてみれば、世界にはあらゆる言語があるのに、すべて英語を共通言語にということ自体が多様ではない。米英のスタンダードに世界中があわせてきたことを意味します。これまでなら合理的な選択だったと言えますが、テクノロジーの進展で揺らいでくるでしょう。自動翻訳の技術が進むことで、もっと注目されるようになるのは、何を話しているのかという中身であり、適切に翻訳される論理的な国語を使う力なのです。

論理的な議論が日本人は苦手だとされているのは、単に訓練が不足しているだけです。日本語であっても、過度に文脈に依存した言葉を避ける、主語を明確にするなどいくつかのルールを課すだけで論理的に語れるようになります。

これからの時代は、リベラルアーツはもちろん重要なのですが、それに加えて、メカニカルアーツも重要になってくる。そんな時代に入ろうとしています。プログラムを書ければ、そんなに手の技の修練時間が長くなくてもものがつくれるような時代になってきています。**メカニカルアーツが新時代の「教養（リベラルアーツ）」に加わってくるのです。**

実際のところ、従来型のリベラルアーツを使ってビジョンをつくり、メカニカルアーツを使って実装するところまでは、すごいスピードでできるようになりました。

メカニカルアーツとは、これまで個別の学問に分かれてきた工学とか、建築とか、エンジニアリングの全般にあたります。そういった応用可能な知性を知っていれば、ビジョンのあとコンピュータを使って実装できるわけです。リベラルアーツの力とメカニカルアーツの接続というのは、これまで以上に求められるようになってきています。僕がやっているメディアアートなんかはまさにその接続の一番いい事例だと思っています。僕なりに日本における侘び寂びの歴史を取り出し、その本質を考察し、最新のテクノロジーで表現する。歴史も、テクノロジーも知らなければアートとして表現できないのです。

最近のAIの研究に即して言えば、コンピュータを用いた統計的アプローチでは正規分布の範囲内から外に出るのは難しいことも指摘されています。外れ値を出すことも難しいようです。ど真ん中ストレートのスーパー官僚みたいなものは作りだすのですが、「こっちのほうが受けるんじゃないか」と思ってリスクを取るような人物を生まない。ということは、とんでもないビジョンというのは、人からしか生まれないということを意味しているような気がします。ビジョンを生み出してからは、ＡＩが適切な方法を考えてくれるかもしれませんが、ＡＩがみんなが驚くようなとんでもないビジョンを生み出すかというとそれは別問題です。自分が知らないということを知ることから、新たな視点が生まれます。

逆に言えば、処理能力だけを売りにした官僚のような人々はＡＩが代替してくれる人材であるともいえます。リスクを取って、人と違うことが言える人。そういう人こそこれからの時代に重要です。喩《たと》えて言えば、天気予報は「寒い」でも、「オレは今日は絶対暑いと思って、薄着で来た」「オレは今日会う人に絶対にこれが受けると思ったから、あえて薄着をしてきた」といったリスクの取り方ができる人材ですね。これはコンピュータに入力されていない情報の蓄積からしか出てこないと思うのです。

インターネット上にはない情報、いまのＡＩでは思いつかないようなアイディアに僕は注目しています。

猪瀬／「自分の中にある言葉を鍛える」

落合くんが歴史的な視点から考えることの大切さ、言葉の力が大事だと語ってくれた。まさにその通りだ。日本近代の最大の「国難」は自らが招いたあの戦争であったことは間違いない。第3章でも出てきた東條英機は試験の得点の高い秀才タイプではあったが、戦争をやめるという決断はできなかった。絵に描いたような官僚だったからです。官僚の基本的な思考は「昨日」あったことが「今日」の基準であり、「明日」も過去の基準によって縛られる。彼らは継続性でしか考えないから、局面の大転換や危機管理は恐ろしく苦手としている。縦割りだから、物事の優先順位をつけることもできないのです。

研究が進んでいるAIがうまく進展すれば､官僚のような仕事は取って代わられるだろう。そこで大事になるのがビジョンを示す力になるだろうと思います。ビジョンを示す力とは、まさに言葉の力を鍛えることでしか生み出すことができません。僕は以前から言葉の力とは、引用、検索する力だと言ってきました。いまはスマホがあって、入力すればなんでも調べることができます。それも自分のなかに言葉があればこそなのです。

僕は若い人たちに、わからないことがあれば、その場で「ちょっと、調べます」とスマホで調べることを推奨しています。僕の話でわからないことがあれば、その場で調べたらいいと言っているのです。僕がニュースメディアの若い人たちも交えて、ある元政治家と会食をしていたときのことです。元政治家の方が、歌舞伎の勧進帳について話をしていました。勧進帳のどこで感動するのか、どこで涙を流すのか。あのシーンが日本の文化に与えたインパクトについて、じつに面白い考察をしていました。ところが、若い人たちは調べようとしない。考えてみたら、「勧進帳」という言葉が彼らのなかにないから、調べようがないのだと思いました。

そもそも言葉を鍛えるとは何か。それは日本語の歴史を考えれば明らかになります。そもそも日本語とはなんでしょうか？　19世紀半ばに太平洋上に現れた黒船は、いきなり核弾頭が目の前に配備されたような衝撃をこの国に与えました。外圧は西洋文明の化身として現れた。外圧は生存の脅威であり、国内に尊皇攘《じょうい》夷運動を引き起こし、明治という新しい時代が始まりました。新生国家は「ミカド」という求心力を擬制し、日本列島のなかにあった三百諸侯と呼ばれた大名が統治していた小さな国々を統合する。それが近代の始まり、国民国家としての日本の始まりです。

世界史の流れに巻き込まれた明治の人びとは、世界史の潮流のなかで日本とは何かと自覚

する。近代日本語は、諸国の方言を統一し、西洋の翻訳語を練り上げ、幾度となく繰り返された「国難」のなかで完成してきたものです。国難をどう乗り越えるのか、そのなかで、個人の言葉も磨かれていき、近代文学の傑作も誕生してきました。確かな言葉の力を感じさせる、思想や構想力をもった文章が練られてきたのです。ビジョンがある言葉です。ビジョンがある言葉は国難から生まれてきたという視点が重要です。

ＡＩの進化によって官僚的な役割はＡＩが担うかもしれない。でも、日本という国を構想する国家観という大きなビジョンは誰が打ち出すのか。それは文化的な構想力を持った人びと、つまり作家であり、アーティストであり、政治家でありといった人びとでしょう。近代日本語をつくった明治人には国家戦略があったのです。欧米の近代がもたらしたものと日本の伝統文化から生かせるものを組み合わせたのです。

戦後は戦前のものはすべてが悪いという風潮が蔓延《まんえん》した。虚心坦懐《きょしんたんかい》に伝統から学ぶという姿勢そのものも失われてしまったのです。

この本のテーマの一つである「近代の超克」というのは、戦時中にあった有名な座談会で語られた言葉です。座談会の目的は明治以降の欧米化の総括を目指すというものでした。僕は議論そのものの設定は評価できると考えています。しかし、問題はその時期です。戦時中に議論を始めるというのは明らかにおかしい。

つまり、欧米の尺度でもって世の中のすべてが推し測られるのはおかしい、という議論はわかるのですが、それだったら、筋としては日本の近代を超克してから戦争を始めるべきなのです。それならまだ筋は通る。ところがこの国の歴史の現実は、何度も繰り返したように不決断だったのです。

「ほんとうの意味でのグローバリズムとは、欧米流の近代化とイコールではない」という提言をし、さらに「そうした世界のなかで日本が果たすべき役割とは何か」を問うていく。これならばいまでも通用するような深い議論につながった可能性があります。

少なくとも昭和初期に行うべきだったそれを、戦争を始めてからやる。後回しにしたツケはあまりに大きかったというべきでしょう。

官僚にとっては「昨日」あったことが「今日」の基準であり、「明日」も過去の基準によって縛られるところに特徴があるとすれば、作家の言葉は感性をベースに論理を組み立てる。昨日を検証して歴史を認識し、明後日へ向かって飛んでいく。それこそがビジョンなのです。

官僚は自分たちこそが日本という国のプランナーだと思っているかもしれないが、それは違います。実際に国会議員がつくる議員立法はほんのわずかで、国会へ提出される法案のほとんどは霞が関で作成されています。ほんとうのビジョンを持っているか、持っていないかです。誰もがプランナーになれる資格がある。僕はたまたま作家としての視点と想像力を生かして、政治の世界に対して企画提案してきました。道路公団民営化をやったのも都知事としてオリンピックを招致したのも、作家としてのビジョンを生かすためです。

落合くんのような、若くて新しい視点を持った人がプランナーとして、クリエイティブなことを考えながら、政治の世界で企画提案をしていってほしいと思っています。どんなライフスタイルを築くにしても、どんな政策を生み出すにしても、必要なのは思想を鍛え上げ、磨き上げていける、「言葉の力」でしかないのです。

日本語には、日本語にしかない独自の世界観をあらわす言葉があり、これからの時代にも適合できるだけの論理もある。言語技術をしっかりと磨き上げれば、世界と対峙《たいじ》できるだろうと思います。

いま日本が置かれている状況はまさに何度目かの国難と言っていいでしょう。環境は変わり、世界も変化し、自分たちが目指すべき道がどこにあるのかもわからず模索だけが続いている。大きなビジョンを持って、この国を動かすという考え方が重要です。繰り返しになりますが、それを呼び覚ます方策は思想や構想力といった「言葉の力」にこそ宿るのです。

この本を読んでいる人たちにも「言葉の力」を磨き、プランナーとなってほしいと思っています。

落合／「２０２１年以後をデザインする時代を切り開く力」

２０２０年のことについては、多くの人たちが語っていますが、２０２１年以降については語られないのはおかしい――。僕は冒頭でそのように述べました。この本の中で今後のテクノロジーの進展を踏まえて何が重要なのかを語ってきたのも、２０２１年以降を見据えてのことです。テクノロジーが発展していけば、人間の身体や、思考、そして、生産性や多様性はかなりの程度、コンピュータに補完されていくようになります。

障害という概念も変わっていくという事例で話したように、足に障害がある人には最先端の機能を搭載した義足がついていくでしょう。介護現場で力が足りない人には介護用ロボットスーツができて、楽々と仕事ができるようになっていく。盲目の人は音で空間を把握できるようになり、耳が聞こえない人の目には字幕が映し出されるようになる。脳の機能補完ができるようになれば、認知症という病気も補完されていく。

人びとの身体が多様になっていけば、価値観も多様化していくでしょう。今後、オリンピックも人間の限界に挑戦する大会から、人間の身体を問い直していく大会になっていくでしょう。いま、パラリンピックでやっている競技が将来的には世界最先端を決めるエンターテイメント度の高い競技になっていく可能性を大いに秘めています。

東京オリンピックを機に、近代オリンピックとはなんだったのか、未来はどうなっていくのかという議論を深めていくのもいい。いずれにしても、僕たちがこれまで当たり前だと思っていたこと自体が決して当たり前のものではなく、これまでの歴史の産物にすぎないことがわかるはずです。

身体は拡張され、言語もまたすぐに翻訳されていく。そんな時代において、人間の良さ、人間の能力差はどこになるのでしょうか？　僕たちはこれまでの歴史を更新し、新しい時代を生きようとしています。これまでの身体の差や、ちょっとした語学力程度では能力差があるとは言えない時代になっています。僕は能力差というのは経験差であるという時代がやってくると考えています。

アートでも、文学でもテクノロジーでもどんな分野でも、「何を経験し、何を試行したか」が重要な差になってくる。つまり、「何をやりたいのか」というモチベーションの部分が重要になる。モチベーションの有無がそのまま人間の価値を左右する変数になっていくという考え方です。

日本人にはいまだに拝金主義がはびこっているので、テクノロジーの進展もお金に換算することで理解しようとする人が多いです。人間の価値もいくら稼いだかで判断する人も少なくありません。お金はただ持っているだけではなんの意味もなく、なにかに変換しなければいけません。またお金を稼ぐというのは、それでなにか価値を生み出すことが必須になっていきます。

僕はこれからは「わらしべ長者」のような生き方が必要だと語ってきました。誰にも価値がないものだと思われていた「わら」に新しい価値付けをし、人びとを巻き込んで財を増やしていくやり方です。お金からお金を生み出すのではなく、新たな価値を見つけ出し、そこに投資を募っていくという生き方です。

モチベーションを価値に落とし込むために重要な能力をまとめておきたいと思います。大事なのは「言語化する能力」「論理力」「リスクを取る力」そして「専門性」です。

言語化する能力と論理力はまさにここまで論じてきた能力です。言葉で語ることはなにより重要な力です。語学力はあるならあるで否定されるものではありませんが、語学ができるというだけでは自動翻訳で代替可能な存在ですねというだけで終わってしまいます。語学が苦手ならそこに労力をかけるのではなく、日本語力を磨き上げる。猪瀬さんが話しているように「言葉の力」を身につけるのです。いま自動翻訳は論理的に伝えさえすれば、かなりの精度で翻訳してくれるという話をしました。この精度は今後もさらに高まっていくでしょう。

論理的に語る力さえあれば、その流布は自動翻訳がやってくれるのです。複数の意味に取れる単語はなるべく使わず、文章を長くしすぎない。そうすれば、ロジカルな文章に近づいていきます。いまの傾向が進めば、訳せないということは考えが煮詰まっていない、非論理的であるということと同義になるのではないでしょうか。

リスクを取る力を考える上で大事なのは、「近代的人間らしさ」とこれからの時代に求められる能力の違いについて理解することです。「近代的人間らしさ」とは「自分とは何か」「どういう主体なのか」ということを徹底して深掘りするという姿勢です。すでに「近代的人間像があり、それにむかってひたすら邁進《まいしん》する。個性や個人という言葉にしても、標準的な人間像が決まっているから意味を持ってくる言葉なのです。

それに対してこれからの人間、つまり「デジタルヒューマン」は違う。コンピュータが人間の拡張をもたらす。そこで重要なのは、自分とは何かを突き詰めることではなく、とりあえず、いま自分ができることを可能な限り挑戦してみて、できることを積み上げていくという姿勢です。技術革新や、インターネット、コンピュータやディープラーニングといった最先端の領域は常にものすごい速さで動いていています。

人間の学習スピードよりも最先端技術の創発速度のほうがはるかに早い。よっぽどの人でない限り「将来的にこれが流行する」といった類《たぐい》の予測をすることは意味がありません。重要なのは予測することよりも、いま必要なことをやっているかどうかだからです。

デジタルヒューマンは「自分とは何か」を悩むのではなく、いまできることをどんどんやりながら、自分にできることを磨いていったほうがいいのです。つまり、「いま、必要なものをあえてリスクを取ってやる」ということです。リスクをあえて取るというのは、いまのコンピュータにはなかなかできない判断になります。

人間はコンピュータと違い、リスクを取っているほどモチベーションが上がるという不思議な性質があります。機械は正規分布の中でしか吸収していかない。良くも悪くも、リスクを取ったり、取り続けるという判断はできません。言い換えれば、時代を作っていくような突拍子もないアイディアを出すことが苦手だということです。リスクを取ることでモチベーションが上がれば、機械に代替されない人材になっていくでしょう。

専門性というのは自分にしかできないことを見つけるということです。これはどんな小さなことでもいい。僕は学生にまず研究をやらせます。研究には必ず新規性が求められるので、その人しか知らないことを知るとできるようになります。誰かがやったことを調べるのは、研究ではありません。ただ調べるだけです。研究をするということは、自分しか知らないことに挑み、その分野でどんなに狭くてもいいからトップになるということです。研究は誰も知らないことをやらないと意味がない。だからこそ、未知のテーマに挑むという意欲もわいてくるのです。そこで大事なのは、「未知」の意味です。

「ある研究分野でAさんはここまで研究した。別のBさんは、この角度から研究を試みた。2人の研究を調べてみると、ここにまだ調べられていない領域がある」。これで十分なのです。ここを埋めれば新しいことができそうだと賭《か》けてみることが大事になってきます。自分にしかできないことがある人は、他の人から求められる人材になります。

すべての出来事で0から1を生み出す必要はありません。いままでの積み上げの中で、さらに前へ一歩進めることが未知なのです。

僕は機械と人間の融合が必要だと言ってきましたが、同時に機械学習では最適化できないものもあると言ってきました。それが歴史を踏まえて、未知の領域に挑み、あらゆるリスクを取ってでもイノベーションを起こそうとする人間＝デジタルヒューマンの力です。

そんな日本の近代を超克する新たな人材としてのデジタルヒューマンが一人でも増えれば、日本には限りなく明るい２０２1年以降が待っているはずです。いずれにせよ、問題はすぐにでも動かなければ解決できません。とにかく動き続け、課題を見つけ出し、解決していこうとする。少なくとも僕はそうやって生きていこうと思います。

第 1 章／まとめ

2021-2050 人口・産業

これまで

・人口増を原動力とした経済成長
・中央主導の補助金による同じような街づくり
・課題解決より現場の意思が優先

2021年以後の30年の指針

・人口減少による問題はテクノロジーで解決
・地方自治体は各々の生き残りに向けたビジョンを打ち出す
・「分からない人に合わせる」から「分かる人が引っ張る」へ

必要な思考

落合 テクノロジーによる変化を恐れない

猪瀬 東京と地方の違いを肌感覚で理解する

第2章／まとめ

2021-2050 風景

これまで

・明治維新で生まれた一君万民の日本人
・〝ドラえもん〟で描かれる近代の完成像
・均一な教育システムによる同じ価値観

2021年以後の30年の指針

・自身を縛る日本人の無意識を見つめなおす
・テクノロジーと伝統の融和にビジョンを見つける
・個人に最適化された教育で多様な個性を肯定

必要な思考

落合　〝ドラえもん〟にない風景を深掘りしていく

猪瀬　街を歩き風景の隙間からヒントを見つける

第3章／まとめ

2021-2050 統治構造

これまで

・各省庁の権限が強く横断する課題が取り残される
・前例踏襲主義で目的なきルールが温存
・公文書破棄や霞が関文学に見られる権力者の恣意的運用

2021年以後の30年の指針

・省庁の隙間につながる問題に取り組む
・前例がない取り組みを積極的に肯定
・テクノロジーによる有権者にクリアなルールの制定・運用

必要な思考

落合 技術的解決と政策的解決を提案できる「ポリテック」思考を身につける

猪瀬 目的を見失ったルールにとらわれずファクトとロジックで物を考える

第4章／まとめ

2021-2050 人材

これまで

・優秀な人間の条件は「与えられた課題を正確にこなす」
・英語を筆頭に多言語で表現することができる
・学校の試験の点数が高い人間が評価される

2021年以後の30年の指針

・正確さはAIに代替、人間の魅力は「外れ値」を出せること
・言語能力は表現力以上にアイディアや中身が問われる
・学校の試験で測れない個人の経験値が重要

必要な思考

落合 メカニカルアーツを身につけ、未知の領域に挑んでリスクを取る

猪瀬 言葉の力を磨き、自らのアイディアを問う「プランナー」に

あとがき

明治維新の立役者であった西郷隆盛が、自らつくった新政府が理想とかけ離れた歪《ゆが》んだ中央集権と考え、その転覆をはかるために薩摩から進軍を開始したのは明治10年（1877年）だった。西南戦争と呼ばれた。官軍は、すでに旧熊本城に軍服を着た徴兵と最新兵器で武装した近代的な軍事基地（熊本鎮台）を構築していた。

西郷は、北上しながら進軍を続ければ、各地の反政府勢力がオセロゲームのようにつぎつぎと寝返り、反乱軍に加わって大きなうねりができる、こうして革命勢力が誕生して、第2の維新につながるという構想を持っていた。

しかし、その試みはあえなく挫折《ざせつ》して終わった。不平士族の叛乱《はんらん》などと呼ばれてしまうのは、近代に阻まれたからである。

「散切《ざんぎ》り頭を叩《たた》いてみれば文明開化の音がする」と囃《はや》したように、丁髷《ちょんまげ》を切り、刀を捨て、洋風文化を受け入れるのが近代である。断髪令が出たのは明治4年、廃刀令が出たのは西南戦争前年の明治9年であった。

旧熊本藩の藩士らが廃刀令や断髪令など一連の欧化政策に抗議して神風連《しんぷうれん》を結成して決起

したのは廃刀令の年だった。鉄砲は汚らわしい西洋の武器として使わず、刀、槍《やり》、薙刀《なぎなた》で熊本鎮台を襲撃した。一種の玉砕戦法である。百七十余名が、二〇〇〇名の近代的軍隊の一斉射撃により百二十余名が討ち死にする。米軍に立ち向かうガダルカナルの日本軍兵士のような図である。

神風連は、紙幣は洋風だとして箸《はし》で挟んで手で触れない。電信線も西洋のものだからその下をくぐらず遠回りした。どうしてもくぐらなければならないときは頭上に白扇をかざして避けた。洋服を着た人間と会ったあとは塩を撒《ま》いた。そのぐらい徹底していた。

西郷にとって西南戦争は、東京で成立した新政府をアップデートする、そういう別の近代をつくる意気込みだったとしても、合理主義を否定する不平士族のような時代遅れの勢力が混在した軍隊では勝ち目がない。陸路でなく最新鋭の軍艦で海路を東上し、新たな黒船となって東京湾から攻めるぐらいの発想の転換がないのが致命的だった。

新政府は、すでに全国に電信柱を立て電信線を敷き情報通信網を構築していた。電気の普及は明治時代の後半であり、銀座の街灯はまだガス灯だった。したがって電柱は、電気柱でなく電信柱として誕生していたのである。

近代の再構築を目指したはずの西郷隆盛は、東京で一歩早く進化した近代、軍事的情報網により兵站《へいたん》を整えた軍隊に敗れ去ったのである。

情報通信革命であるインターネットは、すでに19世紀、人間の想像力のなかでは実現されていた。必ずテクノロジーが追いつく、そういう強い確信の下に未来は予知されるのである。『社会進化　世界未来記』（明治20年　1887年）に、このように書かれている。著者は「仏国、アー・ロビダ」という人。フランス人のアルベール・ロビダはSF作家でありイラストレーターでもあったからその様子を絵解きしている。

〈巴里《パリ》のわが家に座して竜動《ロンドン》の演劇を覗《のぞ》き、千里以外のその人と談笑面語自在、……この機械は観聞器《かんぶんき》と呼ぶものにして、観聞会社なるものあり、蜘蛛《くも》網のごとく線を張りて天下いたる所に通ず。これが使用を望む人は、僅少《きんしょう》の価もて枝線をその家に通じ、心に任せて使用せしむ。例えば甲より乙に通じたしと会社に言い送れば、会社は双方の線を繋《つな》ぎ合わせ、その人や室、衣装は玻璃鏡《はりきょう》の面に現映し、またその音声、用談、双方の耳朶《じだ》に達すること、ただ大都会のみならず村落、僻地《へきち》、率土《そつど》の浜《ひん》にいたるまで線路の通ぜざる所なく、支店の設けるあらざる所なければ旅行の者は別離の愁嘆なく、恋する人は朝夕見得《まみえ》て、天下の事物みなこの一室に集まり……〉

想像力は一気に時間を跳び越えるが、テクノロジーは一歩一歩足下を確かめながら遅々として進む。信号音の電信があり、ラジオがあり、レーダーがあり、テレビがあり、と。だが、ある一定のレベルに達すると蓄積した力で乗数倍の加速度がつく。近代のライフスタイルを覆す5G社会はいまそこに来ている。

文明開化の前で神風連はいかにも滑稽《こっけい》に見える。だが彼らを笑えるだろうか。西郷隆盛から見れば、神風連は時代遅れであったが洋風のモノマネの近代化も危惧《きぐ》の対象だった。西郷が目指したのは持続する永久革命、飽くなき近代のアップデートであったかもしれない。

日本の近代は、ある時点で思考停止に陥ってしまったのではないか、と危惧しているときに、同じ憂いをもつ青年に巡り合った。

朋《とも》有り遠方より来たる、亦《ま》た楽しからずや（有朋自遠方来、不亦楽乎『論語』）

落合陽一と深夜遅くまで話をしていて楽しいのは、いつも明日の風景が話題になるからだ。

西麻布の寓居にて　　猪瀬直樹

落合陽一（おちあい　よういち）
メディアアーティスト。1987年東京都生まれ。東京大学大学院情報学環・学際情報学府博士課程修了。博士（学際情報学）。専門はCG、HCI、VR、視・聴・触覚提示法、デジタルファブリケーション、自動運転や身体制御など。現在、筑波大学学長補佐・准教授・デジタルネイチャー推進戦略研究基盤基盤長。ピクシーダストテクノロジーズ株式会社CEO。

猪瀬直樹（いのせ　なおき）
作家。1946年長野県生まれ。87年『ミカドの肖像』で第18回大宅壮一ノンフィクション賞受賞。道路関係四公団民営化推進委員会委員、東京大学客員教授、東京工業大学特任教授などを歴任。2007年東京都副知事、12年東京都知事に就任、13年辞任。主著を集めた『日本の近代 猪瀬直樹著作集』（全12巻、小学館）がある。

ニッポン2021-2050　データから構想《こうそう》を生《う》み出《だ》す教養《きようよう》と思考法《しこうほう》

2018年10月31日　初版発行
2018年11月 5 日　再版発行

著者／落合陽一《おちあいよういち》　猪瀬直樹《いのせなおき》

発行者／郡司 聡

発行／株式会社KADOKAWA
〒102-8177　東京都千代田区富士見2-13-3
電話　0570-002-301（ナビダイヤル）

印刷・製本／大日本印刷株式会社

KADOKAWAカスタマーサポート
［電話］0570-002-301（土日祝日を除く11時～13時、14時～17時）
［WEB］https://www.kadokawa.co.jp/（「お問い合わせ」へお進みください）
※製造不良品につきましては上記窓口にて承ります。
※記述・収録内容を超えるご質問にはお答えできない場合があります。
※サポートは日本国内に限らせていただきます。

定価はカバーに表示してあります。

ISBN 978-4-04-107186-1　C0095